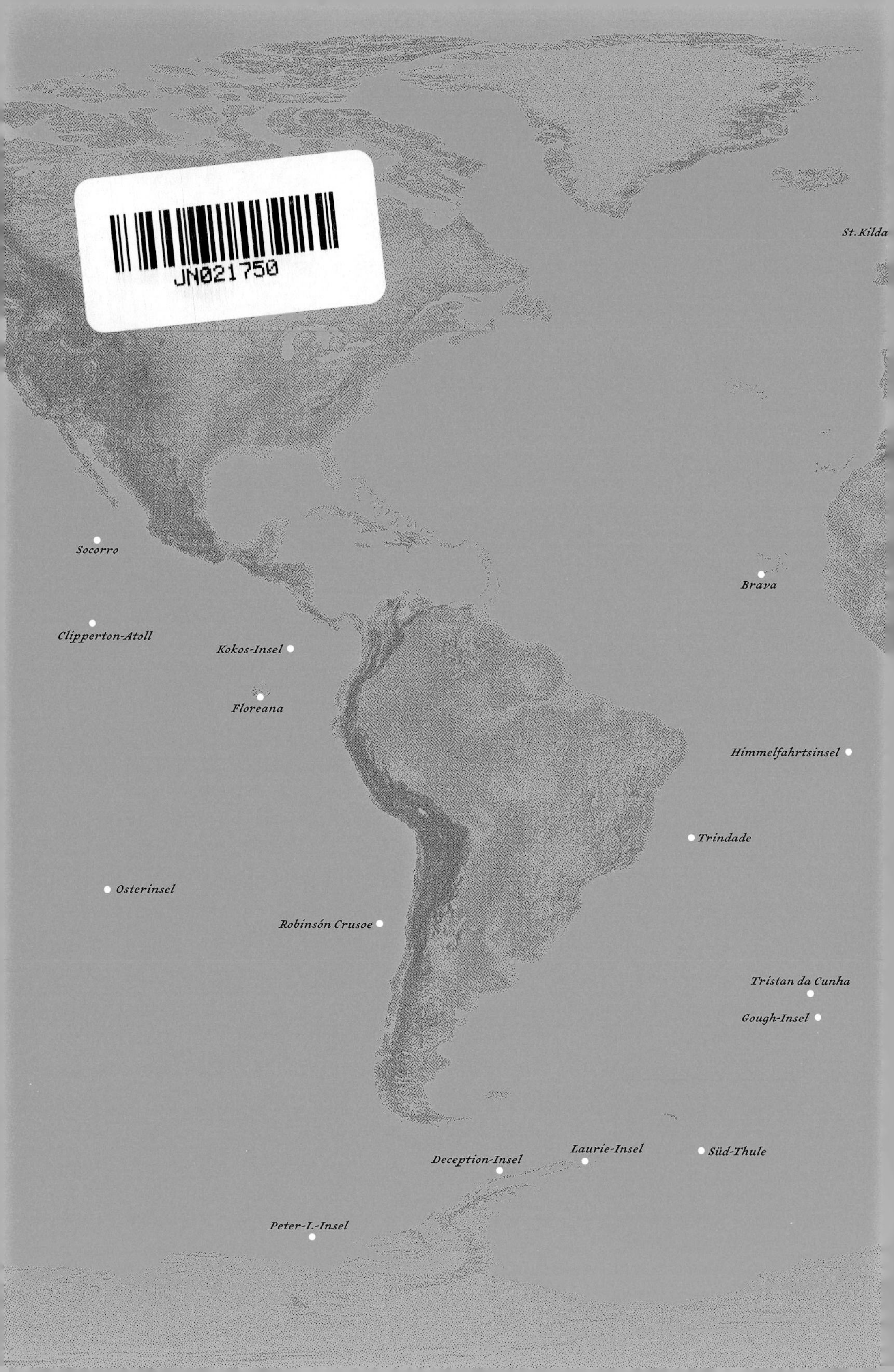
St. Kilda
Socorro
Brava
Clipperton-Atoll
Kokos-Insel
Floreana
Himmelfahrtsinsel
Trindade
Osterinsel
Robinsón Crusoe
Tristan da Cunha
Gough-Insel
Laurie-Insel
Süd-Thule
Deception-Insel
Peter-I.-Insel

増補改訂版

奇妙な孤島の物語

増補改訂版

奇妙な孤島の物語

私が行ったことのない、生涯行くこともないだろう55の島

ユーディット・シャランスキー 著
鈴木仁子 訳

河出書房新社

Contents

＊島名や地名の日本語表記は主として『小学館世界大地図』（正井泰夫監修、２００９年）に依拠し、他の資料も参照して判断した。
＊年号、島の位置、面積、人口等の情報は確認につとめたが、少数の例外を除いては、原則として原書に記載された情報を踏襲した。

島は天国だ。
地獄でもある。

はじめに

私は地図帳《アトラス》とともに大きくなった。地図帳好きの子どもの例にもれず、むろん、外国には一度も行ったことがなかった。クラスのある女の子が、ほんとうにヘルシンキで生まれたのだとは、たとえパスポートにそのとおり記してあるのだとしても、信じられなかった。He-l-s-in-k-i——その8文字が、私にとって別世界への鍵になった。いまでもドイツ人だが生まれはナイロビだとか、ロサンゼルスだとかいう人に会うと、そんなバカな、という気持ちをおさえられず、ほらを吹かれたような思いになることも稀ではない。伝説の地アトランティスやトゥーレやエル・ドラド《黄金郷》の出身だと言われたのと変わらない気がしてしまうのだ。ナイロビやロサンゼルスが実在することは、むろん私だって知っている。れっきとした地図に載っている都市なのだから。けれど、実際に誰かがそこにいたとか、いわんやそこでこの世に生まれ落ちたとかとなると、そんなことがあり得るのかと、どうも腑に落ちないのである。

私がかつてあれほど地図に心を惹かれたのは、地図に出てくる線や色彩や地名が、実在の場所の代わりをつとめていたからなのかもしれない。そもそもそれらは、東ドイツに生きていた私には訪れようのない場所だった。やがて時代が一変し、世界中どこへでも旅ができるようになり、そして私自身が生まれた国が、地図上の国境線、肌身で味わったその国境線とともに世界地図から消滅してしまったあとでも、その事情は変わらなかった。

地図帳を指でなぞってする旅が、すでに私の習い性となっていた。両親のいる居間でさまざまな遠い世界を征服し、耳慣れない地名を小声で口に出してみることが。『みんなの世界地図』というのが、人生初の地図帳だった。その地図が——どんな地図もそうである——イデオロギーに染まっていたことは、見開きの2頁に世界地図がおさめられながら、東西ドイツが別々の頁になるように配置されていたことに、隠れもなく表れていた。地図において2つのドイツを隔てていたものは、壁でも、鉄のカーテンでもなく、左右の頁をてらてらと光らせる、乗り越えようのない折り目だったのである。一方、西ドイツの学校用の地図のほうは、東ドイツが暫定的な国家であるとアピールするために東ドイツの領土に斜線を引いて、SBZという謎めいた略称〔「ソビエト連邦占領地域」を意味する〕が記されていたというが、そんなことを知ったのはドイツが統一されてからのこと、輸入されたディールケ社の地図をつかって、いまや2倍以上の大きさになった母国の山河の名前を暗記しなければならなくなってからのことだった。

あれ以来、政治的な世界地図には疑いの目を向けている。青い海の上に色とりどりのハンカチみたいに国が並んでいる、ああした地図だ。あっというまに古くなり、誰がどの色の区域をとりあえず統治しているという情報のほかには、ほとんど得るものがない。

ひるがえって、自然を国の領土にしてしまわない地図、人間がさだめた境界とは関わらないところで自然を較べられるように描かれた地図は、なんと多くを語ってくれることだろう。そういう地勢図のなかでは、陸は低地の深緑色から高山の赤茶色、極地の氷河の白色へと彩られてかがやき、海洋は色合いもさまざまな青にきらめいている——歴史の流れを超越したところで。

もちろんそのような地勢図も、〈総描《そうびょう》〉という有無をいわせぬ一般化によって、自然の野生を削いでしまったものだ。総描は実際の地理の多彩さを省略し、記号をもちいて代理させる。樹木の集まりを森とみなすのかどうか、人間の通り道を小径なり野道なりとして登録するかどうかをさだめる。こうしてアウトバーンは縮尺に悖《もと》って幅広く描かれ、ドイツの大都市も中国の大都市も同一の四角形で表される。北極の入江も太平洋の入江も、深さがおなじだからというので、地勢図ではおなじ青色に輝くことになる。ところが北極圏にそびえる高い氷山の数々となると、影も形もでてこない。

地図は具体的であるとともに、抽象的なものなのだ。そしてどれほど正確で客観的であろうとも、けっして現実をありのままに写したものではない。地図は、敢然たるひとつの解釈なのである。

そのさいに変幻自在の曲芸師として活躍するのが、線たちだ。線は、経線と緯線というクールな数学的な網目となって、陸海を縦横に走りぬける。系統だった等高線となって、山岳を、渓谷を、深海を写生し、陰影をもたらす線影《けば》の助けをかりて、大地の身体性を浮き彫りにする。

地図をなぞっていく指がエロチックなしぐさとも解されることを私がはっきりと自覚したのは、ベルリン州立図書館で地図帳のポルノグラフィック版ともいうべき、起伏つきの立体地球儀に出会ったときだった。マリアナ海溝のくぼみや、ヒマラヤの高山のつらなりが、猥褻というほかないほど、触れてわかるようになっていた。

当然ながら地球儀は、地図帳に綴じられた図版よりも地球に即した形をしている。子ども部屋に置いてあれば、遠い国へのはるかな想いをかき立ててくれるだろう。けれどあの球形は、発想は卓抜でありながら、厄介なしろものでもあるのだ。支えがない地球の形姿には、端もなければ上下もなく、始まりもなければ終わりもない、そしてきまって、半面が隠れたままである。

それに比べると、地図帳《アトラス》では地球はいまなお平たく、一望のもとに眺めることを許されている。長きにわたって、地球はそのように平たく一望できるものと考えられていた。やがて世界探検の旅によって、未踏の地、希望に満ちた空白の部分に輪郭線が入れられ、名称が付されるようになる。かつて古地図を賑わしていた海の怪獣や奇っ怪な化け物が、地図のへりから姿を消す。南半球にあるとされたかの巨大な想像の大陸も、ついには抹消されるにいたった。〈テラ・アウストラリス《未知の南方》・インコグニタ《大陸》〉――それは二重の意味であやまった名前だった。未知の国だというのに、すでに名前がついていたのだから。

世界をひと目で見わたせるようにしたい――だがそこに生じる問題には、けっして満足のいく答えは出ない。いかなる投影法で描いても、世界は歪んでしまうのだ。距離が合わないか、角度が合わないか、面積が合わないか。たとえば角度が正しく表現される図法で描くと、陸地の大きさはあられもなく歪められる。世界第2の大陸であるアフリカと世界最大の島であるグリーンランドが、地図ではまるっきりおなじ大きさに見える。じっさいのグリーンランドは、アフリカの14分の1の広さしかない。地球という球面を面積・距離・角度とも同時に正しくひとつの平面に投影することは、端的に言って不可能なのだ。二次元の世界地図は、ひとつの妥協のかたちであり、地図はその妥協によって、思い切って単純化する抽象と審美的な世界の所有との間をなす芸術となったのである。なんにせよ、肝心なのは世界を把握すること、北という方位が示されること、そして神のごとくに全体が見渡せること。こうして科学的な真実というお墨付きをつけた、一見客観的なふりをした世界の全体が示されることになった。しかもその真実とやらは、この地球の早見盤にぬけぬけと〈世界地図〉などという名称をつけている。まるで〈世界〉には太陽系も存在しなければ宇宙も存在しないかのようにだ。本当なら〈地球地図〉と言うべきところだろう。地理も〈地理〉であって、〈世界理〉とは呼ばれていないのだから。

数年前に私のタイポグラフィの先生が、ずっしりしたマップ・ケースに蔵《しま》ってあった巨大な本を見せてくれたことがあった。その女性教授のコレクションは、以前にもいくつか見せてもらっていた。詩が書きこまれた年代物の寄せ書き帳、リボンやソーセージのいろいろやケーキの水彩ドローイング、とっくに古くなっているが、本としてこれ以上わくわくするタイトルもなさそうな『きみにすべてを教えよう』という事典。この名前は誇張ではない。髭《ひげ》の生やし方の一覧を図示したページには、人間の歯列の断面図がつづき、カトリック公会議のデータのあとには、近代における重要な暗殺事件が一覧表になっていた。結果、ページ欄外の見出しは〈公会議／暗殺〉という、じつにすごいものになっていた。

けれどそのとき先生がくしゃくしゃの薄葉紙から取りだしてくれた、青いマーブル紙で装幀した二つ折り版は、その『きみにすべてを教えよう』ですら影が薄くなるものだった。すべすべした黄ばんだページのどこを繰っても、地図を構成する要素があふれんばかりに描かれていたのである。十字、方眼、一重線、二重線、三重線、破線、直線、斜字、飾り文字、略語、矢印や記号、水彩の色面、精細な線影《けば》。白黒の縁取りや縮尺の文字まで含めて、地図作製という物語の立役者がのこらずリストアップされ、ひとつずつ練習されていた。あるところでは筆づかいはまだぎこちなく、別のところでは人間の手が生みだしたとも思えないほどに完璧だった。表紙タイトルの装飾ゆたかな大文字からするに、フランスのある地図製作者が、１８８７年から89年にかけての修業時代に描いた、地図作製のための線描集を製本したものであった。

後ろの見返しに、一まわり小さい紙が一枚はさまっていることに私は気づいた。どこかの島の地図で、外枠が付けられ、左下の隅には紙折れのように見せかけるだまし絵《トロンプ・ルイユ》まで加筆されていたが、縮尺も記してなければ、説明の文字もない。その無言の名前のない島には、茶色の水彩をほどこされた連峰が巨大な塊となってそびえていた。谷底には小さな湖が点々と横たわり、河川がいく筋も蛇行しながら海への道をさぐっている。その海は海岸線に青い輪郭をつけることによって、わずかにほのめかされていた。

地図の製作者は、陸地に挑戦できるようになる前にまずこんな島を描かなければならないのだな、と私は思った。そしてハッとした。島は小さな大陸にほかならず、大陸もまた大きな島にほかならぬのではないか、と。この明瞭な輪郭を持つ一片の陸地は、完璧そのものでありながら、どこという帰属先を持っていない――この島を描いた紙が、冊子に綴じられていなかったように。本土とのつながりをいっさい欠いた島。島の外の世界にはひと言の言及もない。これほど孤独な島を見たのははじめてだった。

事実、本土からあまりにも離れているがゆえに、国家の地図におさまらない島はざらにある。そういう島はたいてい黙殺されるのだけれど、たまに特別席があたえられることもある。枠に囲い込まれ、地図の隅っこに押しやられ、縮尺を本土とは変えられ、おまけにどこに位置しているのかも示されない。そうして島は、本土のいわば欄外注となり、ある意味でなくてもよい存在と化すわけだが、じつは重たい図体の本土などが及びもつかないほど、島は面白いのである。

そもそも、たとえば↓イースター島（島番号38、以降同）のような島が僻遠の孤島だというのは、視点の問題にすぎない。なんとなれば、イースター島の住民ラパ・ヌイ人は、自分たちが住む島を〈テ・ピト・オ・テ・ヘヌア（世界のへそ）〉と呼んでいる。地球という果てがない球体においては、あらゆる点が中心になり得るのだ。

活火山なり死火山なりが生みだしたそんな島が、本土から眺めたときにのみ、へんぴな離島になる。島からいちばん近い陸地までに何週間もの船旅を要するというだけで、島は大陸に住む人々の脳のなかで理想郷となり、四囲を海に取り巻かれた土地が、ユートピアの実験場、この世の楽園づくりのためのまたとない投影の場になる。南大西洋の島↓トリスタン・ダ・クーニャ島（11）では、19世紀、ウィリアム・グラスというスコットランド人の男が家父長的支配者となってミニ共産主義社会がいとなまれ、7つの家系が平和裡に暮らした。1929年には、リッター博士なる文明と世界恐慌に倦んだベルリンの歯科医が、ガラパゴス諸島のひとつ↓フロレアナ島（34）に隠棲し、いっさいの余計なものを排した暮らしをこころみた——着衣も含めてである。アメリカ人ロバート・ディーン・フリスビーは、1920年代に太平洋上の環礁↓プカプカ島（32）に移住した。そして——〈南洋文学〉の定番モチーフをそっくりなぞるかたちで——この島に驚くべき、そして羨むべき自由奔放さを見いだした。こうしてみると、島は独立したひとつの世界であり、いまだに原初の天真爛漫さをとどめていて、原罪以前の楽園のように見えるかもしれない。たしかに破廉恥ではあるけれど、無垢な世界なのだ、と。

こうした孤絶した場所に魅惑された人のひとりに、カリフォルニアの船乗りジョージ・ヒュー・バニングがいた。20世紀初頭、バニングは難破してどこかに漂着したい、と熱烈に願いながら、下級船員となって太平洋に船出する。どこだってかまわない、「四方を海が取り囲む、神も見捨てた場所であるのなら」。しかし思惑は外れ、バニングはがっかりしてこう書いている。「われわれが寄港するのはオアフとかタヒチとかいった、いわゆる〈面白い〉島だけだ。そういうところではガムの包み紙とアメリカ英語の慣用句が、バナナの皮と風にそよぐ椰子の葉ずれとおなじくらいの頻度で存在する」。

ついに念願かなって、バニングは探検隊の一員となり、初期のディーゼルヨットに乗り込んで、メキシコの海へ繰りだす。船旅はカリフォルニアの南方の諸島（↓ソコロ島（43））に至るが、そこが訪れた者のほとんどいない島であることをバニングはよく知っていた。よく言う〈なにもない〉島だったからだ。船出にあたって、そんなところになにがあるのかと訊ねられたバニングは、「なんにもないさ、無だよ。だからすばらしいんだ」と答えている。

探検隊を永遠の氷の世界（↓ルドルフ島（03））へと誘ったのも、すばらしき無の魅力だった。世界探検の旅に出た諸国家は、植生や資源の豊かな世界を発見し、それらを仲間うちで分割して、しかるのち、文字どおりの無が支配する極地を訪れたのだ。

足跡を残す衝動に駆られた人間にとって、南極の島（↓ピョートルI世島（55））に人跡未踏の地が残されていることは、これまた甘受しがたい侮辱であった。歴史に名を残すチャンスでもある。３つの探検隊が挑んだが、ほぼあますところなく氷に覆われた島は攻略できなかった。１９２９年、発見より実に１０８年ぶりに、とうとう上陸に成功。１９９０年代に至るまで、月に行った人間の数のほうが、この島に上陸した人間の数を上まわっていた。

多くの孤島は、二重の意味で人を寄せつけない。そこに至る旅は長く苦しく、上陸は命がけであって、時にまったく不可能である。そしてたとえ上陸できたにせよ、蓋を開けてみると――はじめから予想できそうなものだろうに――憧れの島は不毛で無価値だった、となる例はごまんとある。探検報告の描写はいずれも似たりよったりだ。チャールズ・ウィルクス大尉はこう書いている。「↓マッコーリー島（27）には訪れたいと思わせるような魅力はまったくない。強制的・奴隷的な流刑地として、考え得るかぎりのもっとも悲惨な場所である」。アナトール・ブケ・ド・ラ・グリは↓キャンベル島（36）を目にしただけで気が滅入ってしまったし、孤島好きのジョージ・ヒュー・バニングですらこう述べた。「↓ソコロ島（43）はまことに殺風景であった。島が横たわっているさまは、雨に打たれて火が消え、それ自体ではもう発火する力もなく黒い水に浸かっている、半焼けになった藁《わら》の山を連想させた」。

ろくすっぽ役に立たないものに、往々にして莫大な費用が投じられる。しかもそういう事業は、概してはじめから失敗する運命にある。１８７４年、フランスの科学アカデミーが、高額の装備をつけて２つの遠征隊を最果ての地↓キャンベル島（36）に送った。そこで金星の日面通過を観察することになっていたのだが、当日、この天体現象を厚い雲が覆った。

そんな失敗から気をそらすべく科学者たちが邁進するのが、島をすみずみまで測量すること、土地固有の生物種を発見することである。目録は長い表となって、調査報告書の付録をふくらませる。

実証的研究にとっては、島という島がパラダイスであり、天然自然のラボとなる。島では調査対象を苦労して隔離する必要もない。リアルな世界が手で触れられ、数えることができる――少なくとも侵入した外来生物が動植物を絶滅させるか、自分たちが引き連れてきた病気が現地の人々を倒してしまうまでは。

多くはない訪問者が島を前に戦慄することも稀ではない。見るからに限定された空間を眼前にして、不安がひたひたと押し寄せる。ここに置き去りにされるのではないか、この孤島に、命の尽きる日まで身を置かなければならなくなるのではないか、と。

黒い巌《いわお》の↓セント・ヘレナ島(08)は、ナポレオンの流刑地となり、死の島となった。緑したたる↓ノーフォーク島(31)は、楽園のごとき豊かな自然に恵まれていながら、イギリス帝国でもっとも怖れられた流刑地となった。ユティル号が座礁した小島↓トロムラン島(20)は、同船で運ばれていた奴隷たちにとってひとまずは運命的な救いの地となり、ふたたび自由を取り戻せたと彼らに錯覚させたが、1平方キロに満たない小島でのその自由は、たちまちサバイバルをかけた戦いと化した。

孤島はそのありようからして牢獄なのだ。厳然として存在する海という単調で越えがたい壁に四方を囲まれ、本国と海外植民地をむすぶへその緒である貿易ルートからはずれ、望ましくないもの、抑圧されたもの、逸脱したものが一堂に会するところとなる。

閉ざされた空間では、ときとして恐ろしい疫病が思うさま猛威をふるい、奇妙な慣習が幅をきかせる。↓セント・キルダ(04)における謎めいた新生児の死、↓ティコピア島(46)における恐ろしくもやむなしかと思わせる子殺しの風習。強姦(↓クリッパートン環礁(41))、殺人(↓フロレアナ島(34))、人肉食(↓サン・ポール島(14))などの犯罪の数々は、島という特殊な環境のもとでは起こるべくして起こったとさえ言えるかもしれない。現代ですら、私たちの正邪の通念に反するような法がまかり通る地域があることは、↓ピトケアン島(39)の性的虐待スキャンダルが示している。ピトケアン島の小村には〈バウンティ号の反乱〉を起こして島にやってきた船乗りたちの子孫が暮らしているが、2004年、島の成人男性の半数が、何十年ものあいだ恒常的に、島の女性と子どもに性的暴行をはたらいてきた罪によって告訴され、有罪判決を受けた。自己弁護にあたり、被告たちは、何百年来の慣習法をひきあいに出した。なんとなれば未成年のタヒチの少女たちとの性交渉は、先祖代々おこなわれてきたからである。

島は楽園かもしれない。地獄でもあるが。

平等社会のユートピアが実現するよりは、個々の人間による恐怖政治をまねくケースのほうがはるかに多いところをみると、一望のもとにできる土地における生活が平穏でのどかであるケースは、なんにせよきわめて稀なのだ。人間の意識において、島は、征服されるのをおとなしく待つばかりの自然の植民地である。だからこそメキシコ人の灯台守が↓クリッパートン環礁（41）の王を名乗ったし、↓フロレアナ島（34）では、オーストリア出身の女詐欺師がガラパゴスの女帝になり得たのだ。

小さな大陸はミニチュア版の世界である。世界の目から隠れたところで、国際法が破られ（↓ディエゴ・ガルシア島（17））、水爆が落とされ（↓ファンガタウファ環礁（28））、環境破壊が進行する（↓イースター島（38））。

果てのない地球の端で招いているのは、手つかずのエデンの園ではない。その逆に、遠路はるばるやって来た人間たちが、ここで化け物になる。辛苦に満ちた探検を重ねることによって、人間たちが地図から追い払ってしまったはずの化け物に。

だが背筋の凍るような出来事こそが、物語のためのもっとも大きなポテンシャルを持つのであって、島はこれ以上はないその舞台なのだ。現実世界のでたらめさは、広い陸地では相対化されて見えなくなるが、島ではそれがむきだしになる。島は演劇的な空間である。ここで起こることは、凝縮されてほぼ必然的に物語となり、どこでもない場所の室内劇になり、文学の素材になる。それらの語りに固有なのは、真実と詩作が分かちがたくなり、現実が虚構となり、虚構が現実となることだ。

発見者たちからしてすでに、その発見のゆえに名をあげた。あたかも創造的偉業をなし遂げ、新世界を〈発見〉したどころか、まるで〈創出〉したかのごとくにである。そこで重要な役割をはたしたのが、地理名称をさずけることだった——命名によってはじめてその場所が存在できるといわんばかりに。洗礼よろしく、発見した者と発見された対象とのあいだに契りが固められ、〈主《あるじ》のない〉土地の所有が公認される。たとえ遠方から視認しただけであれ、すでに居住民がいて島に名前がついているのであれ。

あらゆる業績にあてはまることがここでも言える。“Scribere necesse est, vivere non est”（書くことが必要なのであって、生きることではない）——書かれたことのみが起こったことなのだ。かくして地面に国旗を打ち立てた者は、ありとあらゆる情報を用いて、そこが自国の所有に帰すことの証拠がためをしようとする。地理座標を計算し、地図を作製し、自国の言語によって命名した地理名称をばらまく。南極条約によると南極ではいっさいの領有権が認められていないにもかかわらず、ノルウェーは自国が唯一↓ピョートルI世島（55）の現勢地図を作製しているからと、その島の領有権を主張している。

発見につづいて地図作製がおこなわれる。新しい名前は誕生にひとしい。異郷の自然はただちに二重の意味で占領され、所有されるのだ。征服の行為は、地図において反復される。正確に位置づけ測量されてはじめて、事物は真に存在する。この意味で、地図はおしなべて植民地主義的暴力の産物であり、実践行為なのだ。

島の地図と島の実体が時にはひとつに溶けあって、分かちがたくなることを示す例が、アウグスト・ギスラーの物語だ。19世紀末に↓ココ島（48）に渡り、宝を探して幾年も島を掘り返したギスラーにとっては、やがて島の地図が探し求める黄金に取って代わるものになった。地図が見せてくれる夢は、ついぞ見つからない財宝よりも貴いものになったのである。ロバート・ルイス・スティーヴンソンをかの冒険小説の執筆にかり立てたのも、自身が描いた島の地図だった。「その島の姿は私の想像力にとてつもない実りをもたらした。そこにはソネットのように私を恍惚とさせる数々の碇泊場があった。運命に導かれた思いで、私は自分が創造したものに名をつけた。『宝島』と」。

もうひとつの長編小説は、題名が文学事典の一ジャンルになったばかりか、現実に大西洋にひとつの島をつくってしまった。チリのファン・フェルナンデス諸島の一島が、観光客をあてこんで１９６６年に改称したのである。漂流記もののジャンルができる前のこと、アレクサンダー・セルカークなる船乗りが、イスラ・マサ・ティエラ〈陸に近い方の島〉と呼ばれていたその島で、かの漂流記のモデルとなった無人島生活を体験した。ただし、その島についたのは彼の名ではなく、その文学的分身の名前だった――↓ロビンソン・クルーソー島（25）である。輪を掛けてややこしいことに、そこからさらに１６０キロ西のマサ・フエラ〈さらに外にある〉という名の島が、いまではアレハンドロ・セルカーク島と称されている。セルカークがその島に滞在したという事実は、まったくなかったにもかかわらず。

地図のなかでは、心をさいなむ単調な水平線も姿を消してしまう。明けても暮れても視界を2つに分け、いつか、ひょっとしたら――あっと驚く機械仕掛けの《デウス・エクス・》神《マキナ》さながら――待ち望んだ船影、食べ物をくれ故郷に帰還させてくれる船影を遠くかすかに浮かべてくれるかもしれない水平線が。

発見された島は、期待に添わなかった場合には、地名によって腹いせを受ける。１５２１年フェルディナンド・マゼランが、また1765年ジョン・バイロンが、トゥアモトゥ諸島の環礁のいくつかに〈悲運諸島〉、〈幻滅諸島〉と名をつけた（↓ナプカ島（23））。マゼランの場合は、島が乾燥していて、まさに喉から手が出るほど欲しかった飲み水もなければ食糧も見つけられなかったからであり、バイロンの場合は、いつの間にか有人島になっていたそこの島民が、予想外に敵意をむきだしにしてきたからだった。神話やおとぎ話の雰囲気をかもしている名前もある。↓ポセシオン島（16）に流れるステュクス川は、ギリシャ神話の冥府の川の名であるし、↓トリスタン・ダ・クーニャ島（11）の首都はエディンバラ・オブ・ザ・セブン・シーズ、〈七つの海のエディンバラ〉という。現地の人々はたんに〈ザ・セトルメント〉（入植地）と呼んでいる。たしかに2400キロ四方に入植地はそこしかないのだ。ほかにどう呼べばよいだろう？

　地名はことのほか住民や滞在者の願望や憧憬を映しだす。↓アムステルダム島（18）の駐在員のあいだでは、ある岬が〈処女〉、2つの火山が〈おっぱい〉と呼ばれ、3つめのクレーターは公式にも〈ヴィーナス〉だ。ここにきて島の風景はついにピンナップやエロスの代替物となる。島は現実でありつつ、それ自身のメタファでもある場所なのかもしれない。

　地図学もそろそろ詩学の一範疇に加えられてしかるべきだし、地図帳そのものも文芸のひとつに数えられてもいいのではないか、と私は思う。その本来の呼称であるテアトルム・オルビス・テラルム――〈世界の劇場〉に、これこそ相応しいものはないのだから。

　地図に向きあうことは、地図によってかき立てられるはるかな地への憧れをしずめ、旅をした気持ちにすらさせてくれるけれど、それは同時に美的な代償満足の域をはるかに超えるものである。地図帳を開く者は、エキゾチックな個々の土地を探しだすだけでは満たされない。法外なことに、ぜんぶがいっぺんに欲しいのだ――全世界が。憧れはつねに大きい。希求したものを達成する満足感よりも、さらに大きい。いまでも私が好んで手にするのは、どんなガイドブックでもない、地図帳である。

イゾラーリオ

突然変異のネズミ、唄をなくしたカナリア、怪しげな島々

増補改訂版　はじめに

２００９年夏、マインツにある印刷所の印刷機のそばで、本書の作業がひとまず（少なくとも初版については）完了したことを確認した、2週間後のことだった。図書館で、『イゾラーリオ』（*Isolario*）という心惹かれるタイトルの本に目を留めた私は、手に取って面食らった。自分がたったいま創りだした気でいたジャンルが、とっくの昔に存在していたことを知ったのである――通称〈島嶼書《とうしょしょ》〉（*Isolarii*）。ハンディな島百科で、15世紀と16世紀にとくにヴェネツィア共和国――航海と初期印刷術の中心地だった――で人気を博した、ほかならぬ島ばかりを集めた書物のことだ。遠い島、近い島、おなじみの島、あらたに確認された島、伝説に出てくる島、エキゾチックな島などをコンパクトに紹介しており、島の絵図や海岸景観図に歴史文献や文学の記述を添え、島の位置・大きさ・浅瀬の場所・上陸可能地点などの情報を盛り込んであった。

どうやら私は知らずしてほとんど忘れ去られていた、とはいえいまひとつ捉えどころのないジャンルを甦らせてしまったらしい。旅行記と世界地図のあいだの微妙な境界領域に源を発する島嶼書は、あらたな世界周航がおこなわれるたびに海岸線や経験談が加えられるという点で、旅行記とも世界地図ともその性格を同じくする。私が手に取った書物によると、後続する島嶼書のお手本になったのは、１４２０年にロードス島とコンスタンティノープルで発行された『多島海島嶼書』（*Liber insularum archipelagi*）だった。『島嶼図絵』（*Insularium Illustratum*）という名前でも知られている同書は、イオニア海とエーゲ海に浮かぶ79の島々、群島、およびいくつかの沿岸についての百科事典的な地図を順不同に並べたものである。世界についての地理学、航海学、歴史学の知識を集結させ、実用に供されるのみならず、観想や気慰みの求めにも応じられる書籍だった。フィレンツェの僧侶にして同書の著者クリストフォロ・ブオンデルモンティは、自身はイオニア海もエーゲ海もわが目で見たことがある人だったが、オルシーニ枢密卿に捧げた前書きにこう記している。「お疲れのとき想いをたゆたわせる悦楽を味わっていただけますようお贈りいたします」――これぞ安楽椅子に座ったままで旅をする、〈アームチェア・トラベリング〉の勧めというものだった。

ヨーロッパが世界へと拡張し、後代に甚大な影響を及ぼすことになる時代の幕開けに成立した島嶼書は、実際の航海のさいにも水先案内書として携帯された。対するに私の島の地図のほうは、コメントを投稿してくれたあるヨットの艇長が苦言を呈したように、航海にはまったくの役立たずである。読者からの投稿はヨット艇長からの一通に留まらず、それから数年、本書がドイツ以外の国でもつぎつぎと翻訳出版されるにつれて、世界各地から届くようになった。極地の観測基地からは、美しい飾り文字で書かれた封書をいただいた。参考文献一覧を掲載してほしいという要望、訂正を要する箇所の指摘、補足してほしい情報の提案などが山ほど寄せられたが、このたびの増補改訂版でもそれらの要望には応えられなかった。ほかにも聞いたところでは、〈グローブトロッター〉なる、世界中を旅して回っている人たち——判で押したようにみんな男性——がいて、本書に掲載された島々をできる限りたくさん、実際に自分で訪れることを目標に掲げているという。私の地図帳《アトラス》がとうに独自の道を歩みだしていることはたしかだった。この書物が、私自身ができる範囲、しようと思う範囲をはるかに超えて世界を旅していることは間違いない（そう思うとちょっぴり嬉しくもある）。さらに本書がきっかけとなったのか、似たような書籍の企画もあいつぎ、ほどなくして伝説の地や不気味な地の地図、消えた楽園や滅亡した都市、幻想の島々や異様な境界の地図といった、地図学と物語が交錯したところで世界を捉えようとする文芸的《ポエティッシュ》な地図がいろいろと刊行された。近代初期に出版された島嶼書は、みさかいのない世界探索の時代の始まりを画するものであり、未知の領域に踏み入るには航海によるしかなかったから、島嶼書は、既知の世界を分割して、海から到達できるエキゾチックな島の領域というものを作った。対するにそれらの発展の終わりに位置している今日の文芸的な地図は、くまなく測量され、込み入った搾取関係によって結ばれたグローバル化した世界において、いまひとたび未知のもの、驚異や怪異のありかとしての島を呼びだしたいという欲求に即したものになっている。

深海にも極地にも到達できてしまう現在、人間の影響圏の限界は地球外に移っている。見るからに荒涼とした近くの惑星が、いまやあらたな〈無人の地〉だ。とすれば、かつて目の前に見出した異郷の地を植民地にしたときと同様に、そこへは必然的に領土の要求が向けられる。夢想にはふけっても歴史は忘れ去る人類の一部は、どうやら一種の反復強迫にとらわれているらしい。遠い世界を探求したいという衝動は、タブーも知らなければ、〈これより先何もなし《ノン・プルス・ウルトラ》〉と言って自制することも知らない。知っているのは技術的に実現可能かどうかだけ。しかもいまだに全人類に役立つ崇高なものとされている科学的な探索は、実のところ、つねにごく少数の人間を経済的に利しているだけである。

望まずして人が孤立を余儀なくされているこの時代――〈孤立〉を意味するIsolationは、ラテン語で〈島〉を意味するIsolaに由来し、まさしく〈島のようになること〉である――つまり人間が住む世界の大半が家という孤島だらけになってしまったこの時代に、私がいまいちど〈孤島の地図〉〔本書の原題〕に打ち込む気持ちになったのも、あながち不思議ではないのかもしれない。このたびは5つの新しい島が見つかった。いずれも地理的な離島であるとはいえ、これらの島の物語／歴史は、ずばり〈島〉というものが、異質のものが混じり合った、本質的にハイブリッドな存在であることを示している――野生のものと文明的なもの、打ち捨てられたものと繋がっているもの、幻滅と夢想とのハイブリッドであることを。

増補改訂版では、人口など事実関係の事項をアップデートしたほか、年表欄における〈発見〉の公式年に関して、船の乗組員が訪れたさいにすでにその島に人が住んでいたかどうかを調べなおした。そしてすでに住民が存在していた場合には、〈発見〉ではなく〈確認〉という言葉に置き換えた〔ドイツ語ではvorfinden〈目の前に～があるのを見出す〉の意〕。〈発見〉というあやまった言葉が演出する劇的な大仰さを抑えたつもりである。

世界を隅から隅まで探索したいという人間の衝動がいかなる甚大な影響を引き起こすかは、南大西洋に浮かぶ↓ゴフ島(13)で、ハツカネズミが突然変異をくり返して巨大な体軀になり、天敵の不在により膨大な数に繁殖した例からもわかる。19世紀の初頭に捕鯨業者やアザラシ猟者によって意図せずしてゴフ島に持ち込まれたハツカネズミ――高度な社会生活をいとなむ齧歯類である――は、島の環境に器用に合わせる能力をどんどん磨いて、進化を重ねていった。適応能力が高く、世代交代が早く、突然変異しやすい、という並はずれた性質のおかげである。運に恵まれない仲間の一部は、この性質のために*Mus laboratorius*すなわち〈実験用マウス〉の先祖となる宿命にあった。近親相姦をくり返すことで遺伝的に均質化したハツカネズミの亜種である。実験用マウスがぎらぎらとまぶしい生物学の実験条件下での人工ないし自然環境での生存に甘んじたのとは異なり、ゴフ島のネズミは、人間の目の届かないところで、島嶼ならではの脆弱さを特徴とする生態系を長期にわたり大規模に破壊したのだった。規模はそこまで大きくないが、数十年前におなじく気づかれぬまま侵入したツメクサ属の雑草サギナ・プロクンベンス*Sagina procumbens*も島の生態系を乱している。岩の割れ目などに好んで生え、苔のように地を這っていくこの多年草の雑草は、おのれの支配権を可能なかぎり広げようとするそのあくなき欲望において、人間とネズミにじゅうぶん肩を並べている。とはいえ、私がこの前書きを執筆している間にも、ゴフ島のハツカネズミは内出血を起こして死滅の道をたどっているはずだ——莫大な費用をかけ、少なからぬ危険もともなう大規模な駆除計画が進行中なのである。↓マッコーリー島(27)でも大繁殖したウサギに対して同様のことがおこなわれた。こうした大量毒殺などの手段が取られるのは、いったん起こったことを元に戻し、生物多様性がバランスよく保たれた状態にするためだとされている。だがそれははたして倫理的にまったく問題なしと言えるものなのか。それどころかこれが自然だなどと言えるかとなると、これはかなり疑わしい。自然保護局が根絶計画を発表したときには、動物保護の立場から、人間はここにいっさい介入すべきではない、とする抗議の声があがった。一方最近では、地球の半分は柵で囲んだ自然保護区にするべきである、といった空想的な提言も出されている。その自然保護区にもし人間が存在するとすれば、それは入場料を支払った観光客であるか、でなければ密猟者というテロリストなのだ、と。いずれも現実からはほど遠い極論のように思われる。

なんにせよたしかなのは、今日ではいかに遠方に旅しようと、われらが種の足跡にお目にかからないことはないということだ。だとすれば、島と結びついたかのありがちな夢——重荷から解き放たれて一からやり直し、別のかたちをした社会を築きたいという夢——は、もはや完全に潰え去るしかない。そのユートピアの実現にはただひとつ、所有者のいない未踏の土地が必要となるからだ。北極海では↓ベア島(02)の近海で石油を求めてボーリングがなされ、その石油がすがたを変えたプラスチック製品は、太平洋のどまんなか、ミッドウェー島の海岸に大量に漂着して、そこに生息するアホウドリの胃や腸を詰まらせてしまう。↓バナバ島(35)は、植民地主義以前には独立した豊饒な島国だったが、リン鉱石の採掘が終了し、何百万トンもの糞化石《グアノ》を含んだ土が運び去られて何十年が経過した現在でも、まるで戦場跡のようなありさまだ(ちなみに糞化石を含んだバナバ島の土は、肥料として何世代にもわたりオーストラリアやニュージーランドの住民の食糧確保に役立てられた)。アスベストに汚染された廃墟の点在する穴だらけの地域では、強制移住させられた元住民のうち、帰島がかなったわずかの人々が自給自足のために土地を利用することすらおぼつかない。僻遠の島にとっては、みさかいない搾取や軍事利用により荒廃させられる蓋然性も、自然保護の厳しい管理下に置かれる蓋然性も同じぐらいなのかもしれない。一方がもう一方を排除するわけではないことは、↓ミッドウェー島(51)の歴史が示している。ミッドウェー島はアメリカ空軍の管理下にありながら自然保護区に指定されたのだ。砂の環礁は、空から見るといまも空母のような姿をしている。

衛星画像は別の場所においても、世界の目から隠しておきたかったものを暴露した。モーリシャスの↓アガレガ諸島（22）には、かつて奴隷労働にもとづく大規模なココナッツのプランテーションがあった。貿易会社、所有主、企業がつぎつぎと入れ替わり、繁茂していたココヤシの森を間断なく収奪していった歴史には背筋が凍る思いがするが、そのアガレガ諸島に、インドがあれよあれよという間に――義務である環境影響評価も実施しないまま――巨大な着陸滑走路と新埠頭を建設し、珊瑚礁島を軍事基地にすべくインフラを整備していることが衛星画像から判明したのである。現在の住民――大部分がマダガスカルとモザンビークから連れられてきた奴隷の子孫――は、同じように島を追われ、現在に至るまで帰島と損害賠償を請求している↓ディエゴ・ガルシア島（17）の元住民とおそらくおなじ運命をたどることになるだろう。戦略上好都合な砂州までまごうことなき要塞に仕立てあげたこの島の軍事基地は、この世のどこでもない場所、という例の決まり文句がみごとに具現化された場所となる。部隊の正確な大きさも作戦の具体的な目標や目的も、そこではいやおうなく秘匿されるからだ。独自の法の支配するテリトリーであって、そこにおけるあらゆる生命――人間以外の生物はとくに――は戦争の論理下に置かれる。火山噴火により住民が島を去った↓パガン島（47）には、いまあまたの珍しい動物種が生息しているが、この島でいずれいかなる計画が実行に移されるかを予言するには、そう多くの想像力はいらない――島を爆撃と上陸作戦の演習地にして、地形が一変するほど荒廃させるであろうアメリカ軍の計画か、あるいは先住の島民だったチャモロ人が帰島し、伝来の土地でふたたび耕作できるようにする再定住プログラムか……。

忘れがちであるが、持続可能な方法で環境を利用するすべを知る人間の共同体は、いまでも存在する。↓北センチネル島（21）で外部との接触を断って生活しているアンダマン系の人々――わかっているところでは、数万年前にアフリカ大陸で第一波の移住が起きたときにやって来たアフリカ人の直系子孫らしい――は、いまでも狩猟採集民として生活をいとなんでいる。彼らは島付近で座礁した船の残骸から金属を入手し、鋭いやじりを作って、外部からの侵入者に矢を射かける。1960年代から90年代中頃までは、インド政府が定期的に島民への接触を試みていた。ココナッツの実、料理用の鍋、肥育した豚1頭、人形やおもちゃの車などが贈り物として浜辺に置かれた。ハイライトと言って間違いないのは、1991年にビデオ撮影された友好的な出会いのシーンだろう。手ぶれする映像は、笑顔を見せる、筋肉質の、そして自己意識を持つ人間たちを映しだしていた。その言語は究明されていないにしても、そのとき彼らは、訪問者の上陸を許さないことをはっきりと態度で示していた。銘記すべきことは、融和的な関係は強制してできるものではないということだ。

　2004年末、巨大な海洋地震により北センチネル島にも数メートルの隆起が起こり、安全な浅い漁場が破壊された。数日後、生存者の探索にヘリコプターが島の上空を飛んださい、一枚の象徴的な、あたかも時の流れからこぼれ落ちたかのような写真が撮影された。ひとりの男の暗いシルエット。ごつごつした明るい岩礁を背景に、弓を持ち矢をつがえて、その男は、撮影カメラのレンズにまっすぐ狙いをさだめていたのである。〈高貴な野蛮人〉はやはり生き残っていたのだ、と思わせるような図だった。自然の災禍にあってすら武器をとっておのれの孤立を護ろうとするこの人々は、堕落したわれわれとはもう充分すぎるほど付き合ったのだ、これはそのはっきりした示唆である——というのは、いかにももっともらしいが安直な解釈でもある。私たちは彼らを理想化することによってじつは私たち自身の、救いをもとめる罪の意識について語っているからだ。技術の進歩という原罪に逆らって生きる、自然と結ばれた堕落なき別バージョンの人間、それへの憧れを語っているだけだからである。

　島民にはキリスト教の救いが必要である、彼らの霊魂を救済するには一刻も早い布教が必要だ、と決めつけた点で、アメリカ人青年ジョン・アレン・チャウも大きな勘違いをした。命取りとなったチャウの北センチネル島訪問は、植民地主義的でいまだに人を惹きつけるかつての〈最後の野蛮〉の神話——しかもひたすら馴致されるのを待っている〈野蛮〉——に従ったものである。この物語においては、霊魂すらわがものとすべき資源なのだ。またチャウの覚悟の死は、自身がいまいちどパイオニアとなって、歴史的終焉をみたはずの伝道物語や発見物語にあらたな最終章を付け加えるというもくろみからすれば、ぴったり適った行動となる。ちなみに歴史の示すところでは、隔絶した環境にあった先住民が外部と接触するさいのドラマの筋書きはただ一つしかない——文化が失われ、病気と死が待つのだ。西洋の習慣とともに疫病が持ち込まれて確定するその筋書きは、すでに何度となく演じられている（→イースター島（38））。北センチネル族（知られている部分が少なく、仮にそう呼ばれる）が独自の生活様式を保持できているのは、なによりも島という地理的環境によるものだ。北センチネル島を数百キロの高さから定期的に探査する人工衛星（皮肉にもその名は見張り番《センチネル》）が送ってくる高解像度の画像からは島の地図を作成することはできるが、島を流れる河川の名前や島の正確な人口などは、できればいつまでも未知のままに留まっていてほしいものである。

　あらためて本書に目を通しながら、世界史の全体は、孤島を例にとれば難なく語れるのではないかと思った。一望のもとにできる島は、歴史的な連関のコンパクトな写し絵である、と言いたくなる。たとえばオーストラリアは↓クリスマス島（19）に移住希望者のための収容施設を建設したが、この国家が先住民の土地の権利をないがしろにした巨大な囚人流刑地に起源を持つことを思うと、これも起こるべくして起こったことと思えるのである。

↓タウー島（49）、↓アガレガ諸島（22）、↓ヌクラエラエ環礁（50）など、多くは不毛の砂地からなる海抜わずか数メートルの島々からは、地球規模での温暖化をはじめとした複雑なプロセスの影響がはっきり見て取れる。ツバル（↓ヌクラエラエ環礁（50））は危険にさらされた島国の象徴、よく言われる〈炭坑のカナリア〉となった。鳥かごに入れて炭坑内に持ち込まれた歌鳥がもし突然に鳴きやんだら、坑夫は有毒ガスが発生したことを知る、というあれだ。カナリアがもともと島（カナリア諸島）の原産であることを思うと、これはなかなかぴったりしたイメージである。カナリアは坑内における一酸化炭素ガス発生などの直接的な命の危険、いわゆる〈悪天候〉を警告する。一方、環礁島の沿岸が徐々に浸食され崩れていけば、それは化石燃料の利用により大気中の二酸化炭素の割合が増加していることの間接的な影響の現れである。とはいえ、このメタファも、島をそれ自体が保全される価値のある現実の場所として認識したうえで成立しているわけではない。来たるべき自然災害を予兆する例として、本土を益するか否かによってその価値が測られているのだ。こうして、黙示録的にエスカレートする場合も含めて、簡素で牧歌的なこの世の楽園という島のトポスが呼びだされ、そしてその楽園の喪失の責任は、産業の成長の怪物的な富める中心にある、ということになる。このドラマにおける水没する島というインパクトのあるシナリオは、領土が消失した国家とその国民をいかにすべきかという前例のない問いを国際法に突きつけている。

ところで、20年前の研究が予告したのとは異なり、↓タウー島（49）はまだ沈んでいない。最近私が読んだところでは、タウーの環礁には、オフィスや倉庫、救急車や出産施設を備えた地域の救護センターがふたたび設置されたという。私の『イゾラーリオ』を書き変えなければならなくなるのは、これが最後ではないのかもしれない。なんとなれば、現実は予言を塗り替えるものだからである。

２０２１年５月　ベルリンにて

孤独

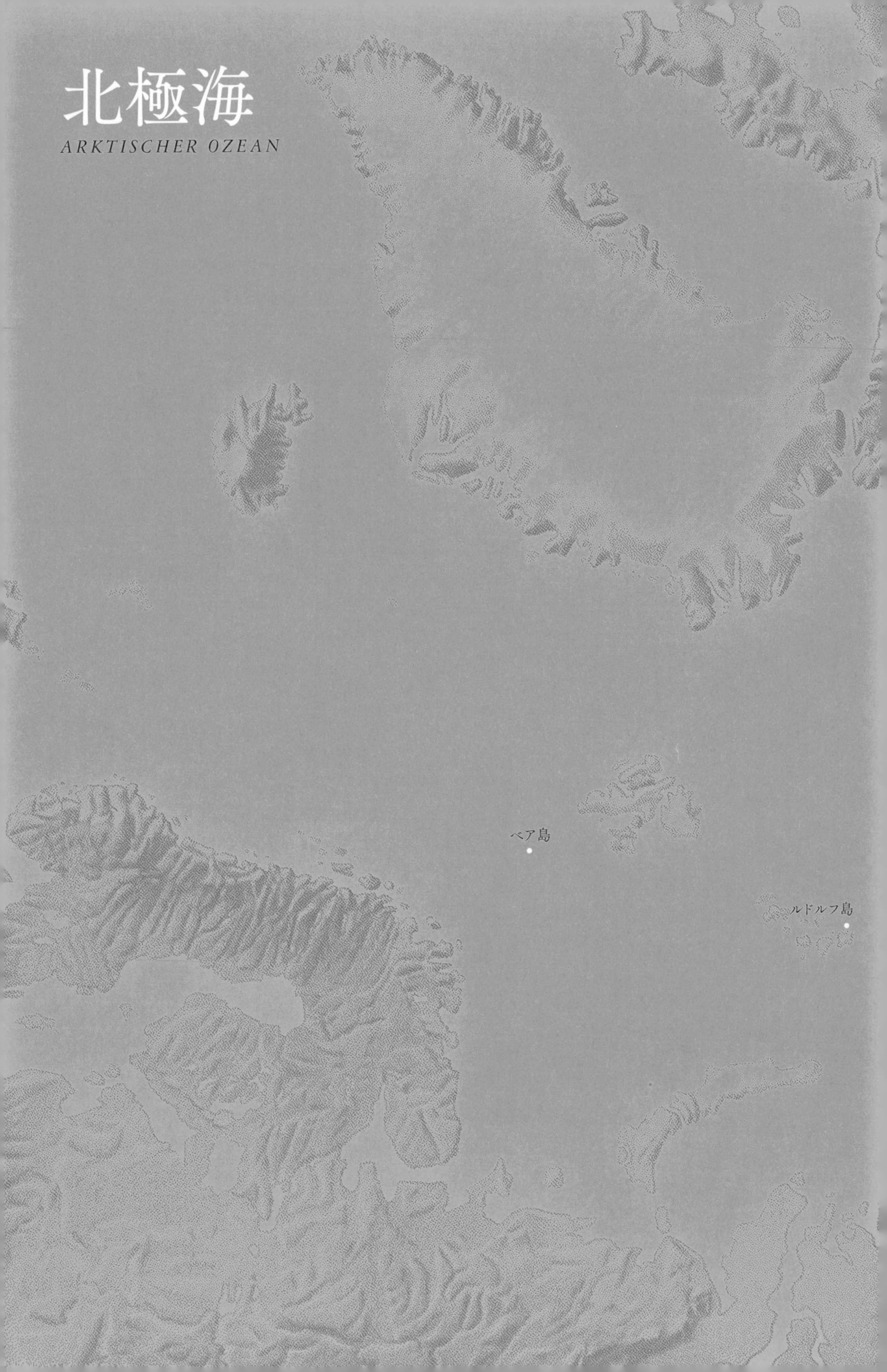
北極海
ARKTISCHER OZEAN
ベア島
ルドルフ島

ウエジネニア島 孤独

ロシア　北極海・カラ海

01　77° 29′ N　82° 30′ E
20㎢｜無人

ノルウェー語 Ensomheden［〈孤独〉］｜ロシア語 Ostrow Ujedinenija［〈隠棲島〉］

孤独《ウエジネニア》は北極海にある——カラ海のまん中に。その名に恥じぬ島である。荒涼にして冷寒。冬は層氷がぎっしりと島を取り囲む。年間の平均気温は氷点下16度、盛夏にもせいぜい0度を超すか超さないかだ。

ここに住む人はいない。かつての測候所が雪に埋もれ、打ち捨てられた建物が入江の腹部にねむっている。凍てついた湿原のかなたに、ほっそりした砂州が見える。

太古の恐竜の頸椎《けいつい》が発見された。それから何年かして、ドイツ海軍の潜水艦、Uボートがこの島の気象観測所をねらって、榴弾《りゅうだん》を発射した。粗末な宿舎が破壊され、駐在隊員が死んだ——〈すばらしき国《ヴンダーラント》作戦〉が、〈孤独〉に襲いかかったときだった。ヴンダーラント作戦の最後の軍事行動のひとつである。

その後、測候所はソビエト連邦の重要な極地観測地のひとつとして、冷戦時に再建された。ノルウェー、トロムセ出身のヨハネセン船長がさずけた名前は忘れ去られ、〈孤独〉の島は、ロシア語で〈隠棲〉の島と呼ばれるようになった。もしこの極寒の地に誰かが流されたとしても、その人は囚人でなく隠者なのだ、氷の砂漠で沈黙の行《ぎょう》を積み、いつか聖者として本土に帰ることができるのだ、とでも言うかのように。

300 km → セーヴェルナヤ・ゼムリャー
330 km → ノーヴァヤ・ゼムリャー
660 km → ルドルフ島（03）

1878年8月26日　エドアルド・ホルム・ヨハネセンにより発見

1500　1600　1700　1800　1900　2000

1930年代初頭　首長竜の頸椎が見つかる

緑色の木造宿舎にのこされた食糧は、カチカチに凍っている。気圧、気温、風向き、散乱日射量、雲底の測定器具も、すっかり凍りついている。降雨量をしらべる漏斗《ろうと》型受水器は雪に埋もれた。椰子の木模様の壁紙が貼られた壁に、あごひげをたくわえたレーニンの肖像がかかっている。作業日誌には、主任整備士による補修業務がきちょうめんに記され、油量やガソリン量が機械ごとに記録されている。だが、最後の書き込みは記入欄からはみだし、朱のフェルトペンで、こう記されている。「1996年11月23日　本日、撤収命令が下った。水を排出、ディーゼル発電機を停止。本測候所は……」。最後のひと言は読みとれない。

ようこそ、孤独へ。

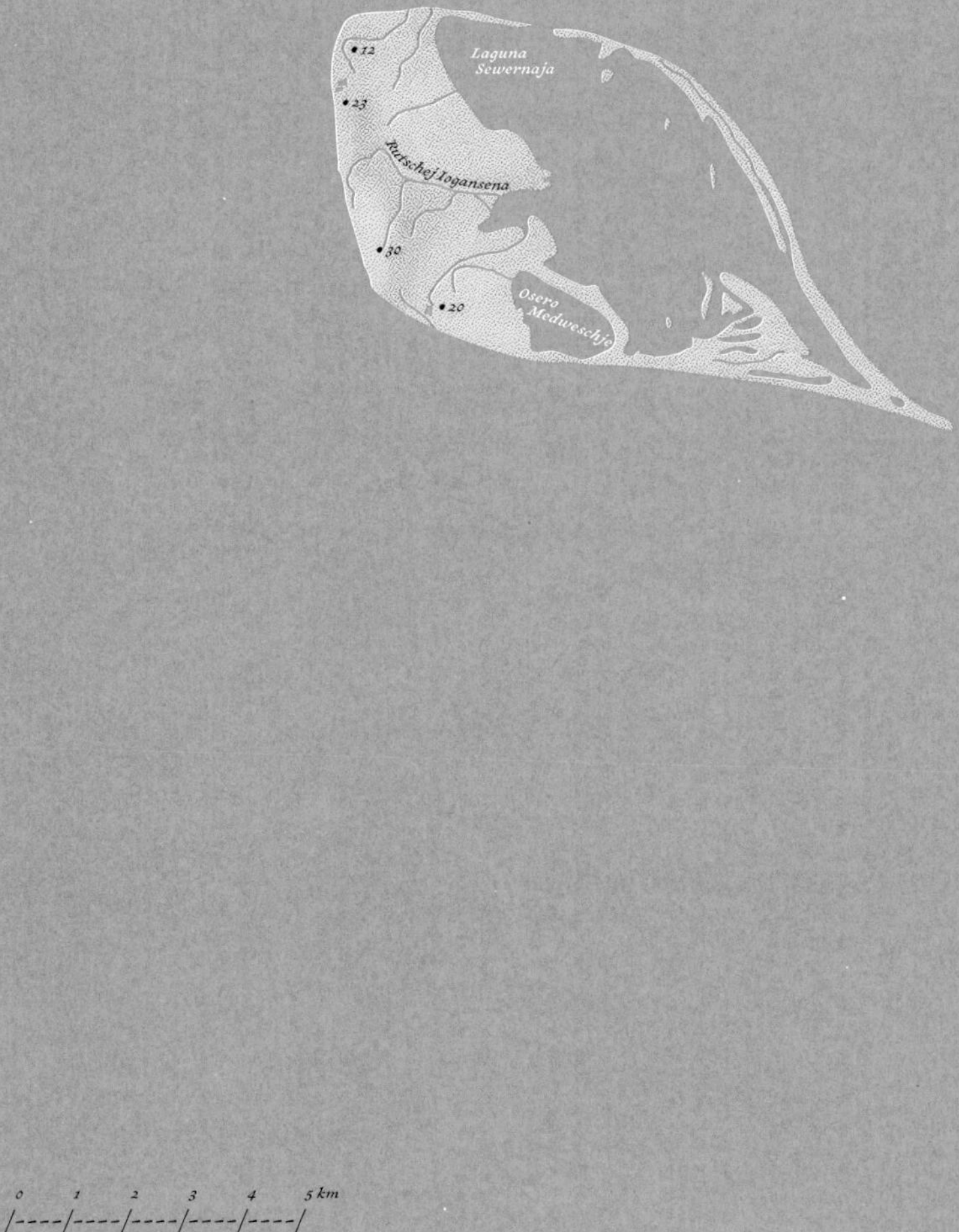
Laguna Sewernaja
12
23
Rutschej Iogansena
30
20
Osero Medweschje
0 1 2 3 4 5 km

ノルウェー語 Bjørnøya［〈熊島〉］｜178㎢｜居住者9人｜74° 26′ N 19° 03′ E

02

ノルウェー　北極海・バレンツ海

スヴァールバル諸島

ベア島

220 km → スピッツベルゲン島

390 km → ノルウェー本土

2160 km → セント・キルダ（04）

1596年6月10日　ウィレム・バレンツとヤコブ・ファン・ヘームスケルクにより発見

1898年　探検家テオドール・レルナー、ドイツ帝国の領有権を主張

1920年　ノルウェーが併合

空は曇っていたが、気圧計は高い数値を示していた。1908年6月30日午前2時、蒸気船シュトラウス号に乗り組んだ一行が、ベア島の南端の港に到着した。島に熱をあげている男7人、剝製技術者1人、鉄砲鍛冶《かじ》1人である。

甲板に立つのは鳥類保護運動の創始者、ハンス・フォン・ベルレプシュ男爵。首から双眼鏡を下げていた。襟につけた紋章は、そのむかし神聖ローマ帝国皇帝バルバロッサが先祖から賜ったという、5羽の小型インコの図柄。男爵は口を結び、闇に向かって耳をそばだてた。それまで書物でしか知らなかった鳥の繁殖期の鳴き声を聞こうというのである。

紳士たちは、朝のうちにはやくもフルマカモメとウミガラス数羽、ゾウゲカモメの若鳥1羽、オオカモメの成鳥1羽を船上で仕留めていた。上陸すると、孵化したばかりのシロカモメの群れが海辺を走りまわっている。鳥を愛する男たちは、まだ灰色の産毛に覆われているひな鳥を手いっぱいに生け捕って、船に持ち帰った。2羽は育てるために残し、そのほかは殺して皮を剝ぐ。ウミスズメが繁殖場所の断崖から、じっと様子をうかがっていた。

ひとりがニシセグロカモメを撃ちとめたが、よくよくたしかめると、それは小さいセグロカモメだった。別の誰かが巧みな策略をはたらかせ、水に潜る頸《くび》の赤い鳥を捕まえた。内陸では、尾の長いトウゾクカモメを発見した。氷の張った湖上ではクロガモまで見つかった。小さな川の礫石の多い川床で、紳士たちはハジロコチドリのメスを1羽仕留めた。ユキホオジロのつがいがひどく興奮してまわりを飛びまわるので、期せずして巣の在りかがわかったが、あいにく卵はまだ入っていなかった。クロトウゾクカモメのつがいも、わざとらしく羽ばたき、しきりに営巣場所から気を逸らそうとする。はたして、苔むした窪地に卵が見つかった。黒っぽい斑点を散らせ、オリーブ色でカムフラージュした卵だ。鳥類学者である男爵は完全な巣4つと半ごしらえの巣1つを集め、ハンカチ数枚にくるんで船に持ち帰った。ほかの紳士は、無数のウミガラスのなかに目当てのオオハシウミガラスが交じっていないか目を凝らした。銃声がパンパンと響き、見事な羽をした1羽が撃墜された――証拠はあがった。オオハシウミガラスがベア島に生息することが証明されたのだ。鳥を愛する男たちはほくほく顔になった。紳士たちが獲物をくわしく吟味するうちにも、海岸にはシロカモメが群がって、クジラの屍肉をむさぼり喰っていた。

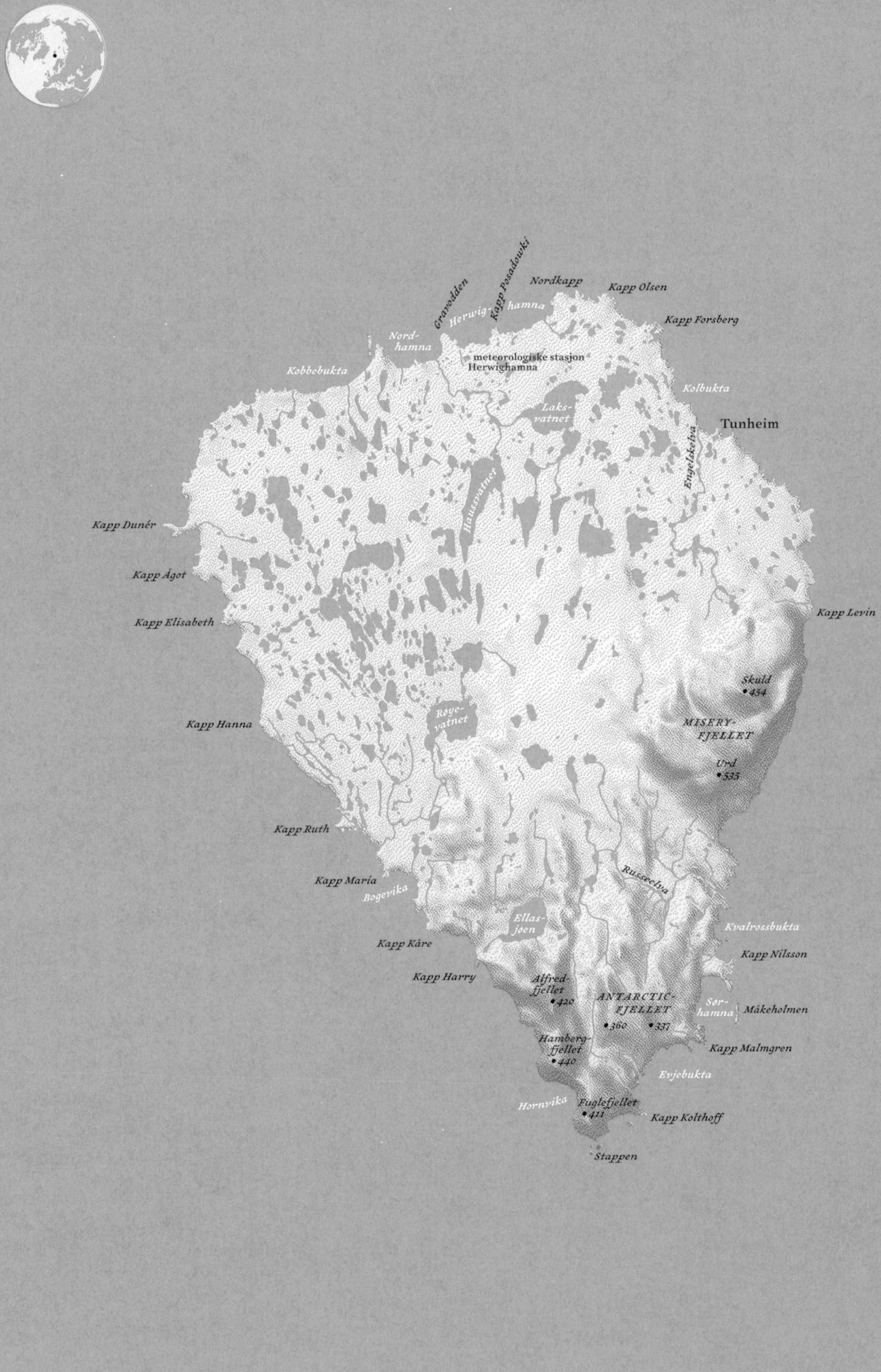
Kapp Posadowki
Gravodden
Nordkapp
Kapp Olsen
Herwig-
hamna
Kapp Forsberg
Nord-
hamna
meteorologiske stasjon
Herwighamna
Kobbebukta
Kolbukta
Laks-
vatnet
Tunheim
Engelskelva
Haussvatnet
Kapp Dunér
Kapp Ågot
Kapp Elisabeth
Kapp Levin
Skuld
454
MISERY-
FJELLET
Røye-
vatnet
Kapp Hanna
Urd
535
Kapp Ruth
Russeelva
Kapp Maria
Bogevika
Ellas-
jøen
Kvalrossbukta
Kapp Kåre
Kapp Nilsson
Kapp Harry
Alfred-
fjellet
420
ANTARCTIC-
FJELLET
360
337
Sør-
hamna
Måkeholmen
Hamberg-
fjellet
440
Kapp Malmgren
Evjebukta
Hornvika
Fuglefjellet
411
Kapp Kolthoff
Stappen
0
1
2
3
4
5 km

氷点下50度のなか橇《そり》は北をめざした。30ポンドの熊肉を積み、さらに1度高い緯度への到達をめざして。橇犬の足からしたたった血が雪を染める。ぎらぎら光る氷山が陽光に暖まって音を立てる。大自然は殺伐とし、むきだしで、地図と同様にまっ白だった。その空白の部分も、あとわずか。最後の場所が、〈4つの方位がなくなる場所を含む無人の地〉と記されるべく、最果ての地で待ち受けている。方位針だけが定め得るその物言わぬ一点は、いまだ到達されておらず、北極圏の神秘も、依然として明かされていなかった――北極圏を通る〈北西航路〉の開拓が、当時の西洋世界の夢だった。温かいメキシコ湾流の影響で北極周辺には氷のない海が開けている、そこを抜ける航路の発見がインドへの近道である、と信じられていたのである。

一行は橇を捨てることにし、氷河の割れ目で睡眠をとり、徒歩で北へ北へと進んだ。先頭に立つのは、オーストリア＝ハンガリー帝国北極調査隊、ユーリウス・パイヤー中尉。30を超える高山に初登頂した記録を持つアルピニストで、このたびの探検では陸《ラント》の旅の指揮を執っていた。陸とはいっても島にすぎなかったのだが、しかし中尉は新発見のこの島々にすべて〈ラント〉〔ランド〕の呼称をあたえた。命名にはまったく窮さなかった。島

ロシア語 Ostrow Rudolfa ｜ドイツ語 Rudolf-Insel 別名 Kronprinz-Rudolf-Land
297㎢｜無人
81° 46′ N
58° 56′ E

03

ロシア　北極海

フランツ・ヨーゼフ諸島

ルドルフ島

560 km
→セーヴェルナヤ・ゼムリャー

590 km
→スヴァールバル諸島

1000 *1170 km*
→ベア島（02）

1874年4月　オーストリア＝ハンガリー帝国北極調査隊、ユーリウス・パイヤーとカール・ヴァイプレヒトにより発見

1500　1600　1700　1800　1900　2000

でも氷河でも岬でも、若き日の恋人の出生地の名前とか、出資者《パトロン》の名前とか、同僚とか、大公とかの名前をせっせとつけた。皇妃エリーザベト、愛称シシの息子は皇太子《クローンプリンツ》ルドルフ、それでこの島はその名前にした。おのれの故郷を氷の世界に運び入れたことになる。フランツ・ヨーゼフ皇帝の名もしかり。父なる国のために国の父の名を持ち込んだぐあいだった。

方位針が、北緯82度を越えたことを知らせた。中尉は雪原をつらぬく目に見えない線をまた一本、物言わぬ地図に描き入れた。日暮れに一行は〈皇太子ルドルフ・ラント〉の北端にたどりつく。そこで彼らが眼にしたのは、とうてい航路にはなりそうもない海だった。古い層氷がぎっしりと埋め尽くす、だだっぴろいだけの場所。雲が山並みのように連なって、水平線にきらめいていた。

中尉はもはやこれまでと、紙にざっと線を引いた。フェルダー岬、シェラード・オズボーン岬、ペーターマン・ラント南端。一行は岩の割れ目にオーストリア＝ハンガリー帝国の旗印をこじ入れ、メッセージを入れたボトルを岩礁に沈めた。冷凍しておく言葉だ。彼らがたしかにここまで来たことを、未来の誰かに証言してもらうため。「フリゲリー岬にて、１８７４年4月12日、82度5分、最北点。ここまで、この先はない」。

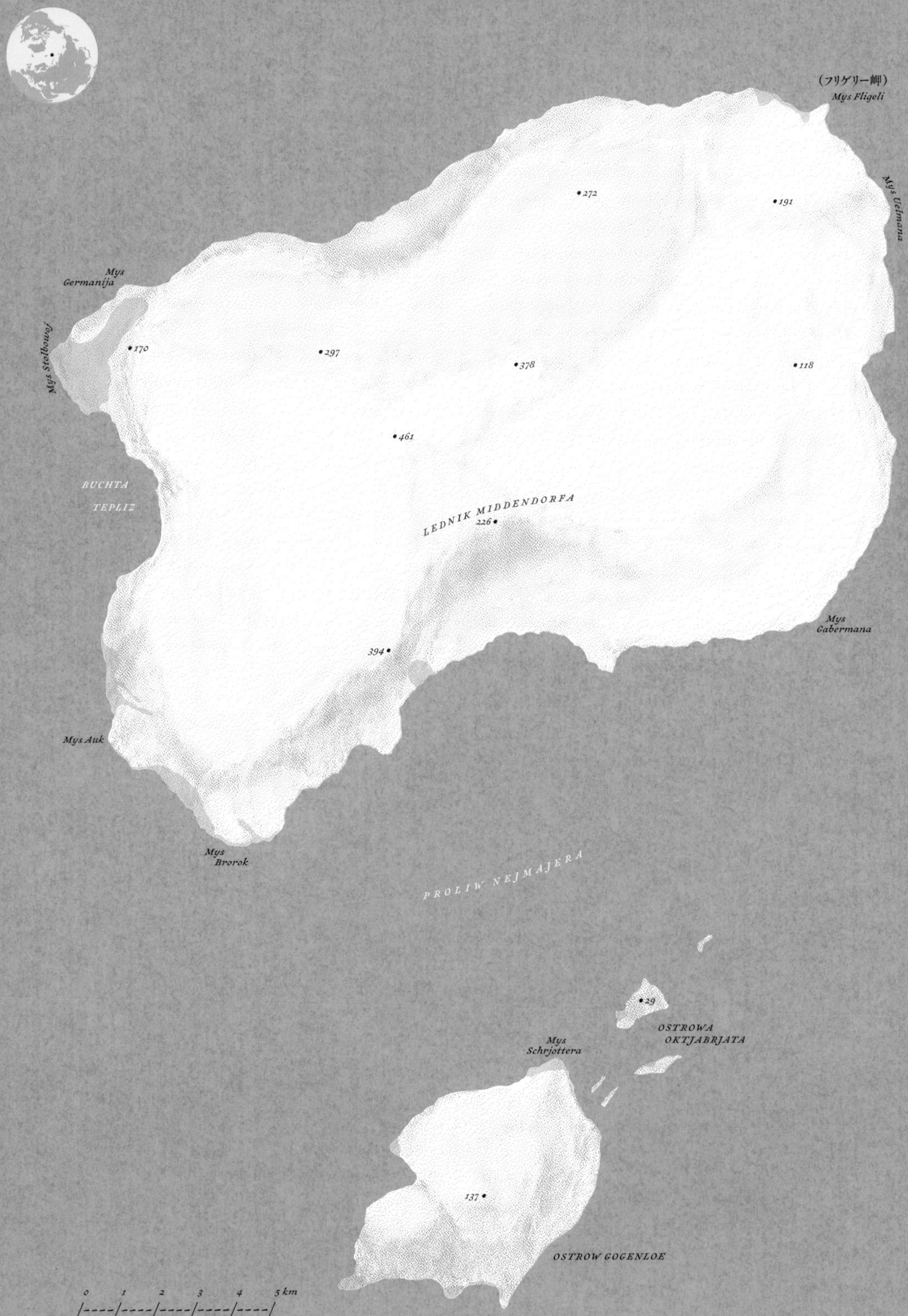
（フリゲリー岬）
Mys Fligeli
Mys Uelmana
272
191
Mys
Germanija
Mys Stolbowoj
170
297
378
118
461
BUCHTA
TEPLIZ
LEDNIK MIDDENDORFA
226
Mys
Gabermana
394
Mys Auk
Mys
Brorok
PROLIW NEJMAJERA
29
OSTROWA
OKTJABRJATA
Mys
Schrjottera
137
OSTROW GOGENLOE
0
1
2
3
4
5 km

セント・キルダ
アンノボン島
セント・ヘレナ島
ブーヴェ島

大西洋
ATLANTISCHER OZEAN
ブラヴァ島
昇天島
トリンダージ島
トリスタン・ダ・クーニャ島
ゴフ島
南トゥーレ

英語 St Kilda｜ゲール語 Hiort または Hirta｜57° 49′ N 8° 35′ W
8.5㎢｜無人

04

イギリス　大西洋

アウター・ヘブリディーズ諸島

セント・キルダ

60 km ノース・ウイスト島
160 km スコットランド本土
4940 km ブラヴァ島（06）

1850 年代　オーストラリアへ多数が移民
1930 年　全住民退去
1826〜27 年　天然痘流行
1891 年　長年にわたり発生した新生児破傷風の最後の死亡例

聖《セント》キルダ、という聖人は実在しない。この群島の名前の由来ははっきりしない。絶壁に営巣する鳥のかすかなさえずりほどにおぼつかない名前である。イギリスの最果て、アウター・ヘブリディーズ諸島のいちばんはずれの島々だ。北東の風が吹くときでもなければ、とうてい渡る勇気の起きないところ。

ひとつしかない村は、16軒の小さな家と、3軒の大きめの家と、1つの教会からなっていた。島に未来があるかどうかは、墓地をみれば一目でわかった。つまり、こういうことである——島の赤ん坊は、出生直後はみんな元気だった。4日目か5日目か6日目の夜に、ほとんどの子が乳を吸わなくなった。7日目、軟口蓋《なんこうがい》がこわばり、喉が締まり、嚥下《えんげ》がまったくできなくなる。筋肉が痙攣《けいれん》し、顎ががくんと下がる。目は凍りつき、あくびを頻発し、口を開けて、ひきつった笑いを浮かべる。7日目と9日目のあいだに、新生児の3分の2が死んだ。女の子よりも男の子の方が多かった。もっと早く死ぬ子もいれば、もっと遅く死ぬ子もいた。早い子はわずか生後4日、遅い子は生後22日。

この島の食べ物が原因だ、という説があった。フルマカモメの脂っこい肉と、麝香《じゃこう》の匂いのするその卵がいけない、あれは肌をなめらかにするけれど、母乳の味を苦くする、と。血のせいだ、島のなかで近親婚をくり返しているために血が弱まったのだ、という説もあった。泥炭を部屋のまん中で燃やすから煤《すす》で窒息死するのだ、という説、屋根を葺《ふ》く亜鉛が悪い、それに薄桃色のランプ油もだ、という説。島民はといえば、これも全能の神のご意志だろう、とつぶやくばかり。だが、そんなセリフを吐くのは、信心しか能のない男たちにきまっている。女たちはどうだったのだろう……どれだけ子を孕《はら》んでも、〈8日病〉を生きのびる赤ん坊がほとんどいないなんて……

1876年6月22日、ひとりの女が船のデッキに立っていた。島に戻る船だった。セント・キルダの女がみんなそうであるように、この女も肌が柔らかく、頬が赤く、驚くほど澄んだ目をし、若い象牙のような歯をしていた。彼女はぶじに子どもを産んだのだった。ただし、故郷の島ではないところで。そうやって、難を避けたのである。北東の風が吹いていた。故郷の浜からその姿が見えるようになる前から、女は生まれた子を潮風のなかに高々と差しあげてみせた。

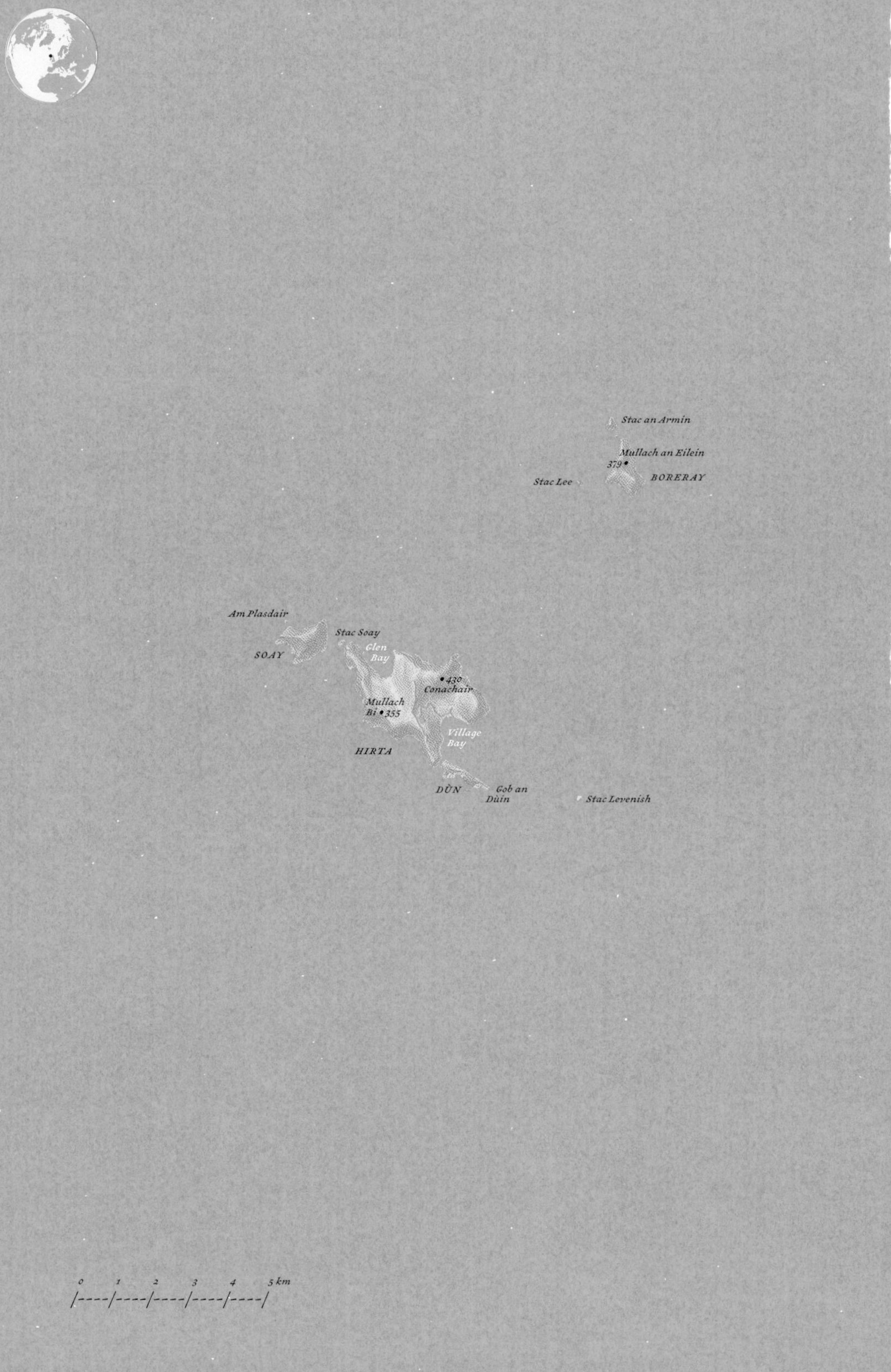
Stac an Armin
Mullach an Eilein
379
Stac Lee
BORERAY
Am Plasdair
Stac Soay
SOAY
Glen Bay
430
Conachair
Mullach Bi 355
Village Bay
HIRTA
DÙN
Gob an Dùin
Stac Levenish
0 1 2 3 4 5 km

あらゆるものが天を向いている。赤さび色の火山灰に覆われた円錐丘の頂でいまは休んでいる44のクレーター、林立する数メートル高のアンテナ、巨大な球面を持つ数々のレーダー。それらが大陸の音をすみずみまで傍受し、全世界に、宇宙に、無限の空間に耳をそばだてている。溶岩が冷え固まってできた醜悪な地形は、月とおなじく、索漠として不毛だ。土ぼこりの舞うクロス・ヒル《十字架が丘》のふもとに白いしっくい塗りの聖メアリー教会が建っているが、あたかも最後の審判をすませた神の最後の砦といった風情である。

アセンション島、つまり昇天島には〈住民〉はいない。いるのは職務上の〈居住者〉ばかりだ。島に恒久にとどまることは許されていない。荒涼とした土地は売りも買いもできない。ここは遠隔通信の技術者とスパイたちが働く島なのだ。かつては、大西洋の海底に敷設された大陸と大陸をつなぐ海底ケーブルの中継地でもあった。現在、NASA（アメリカ航空宇宙局）はこの島まで感知器を延ばし、大陸間弾道ミサイルを監視・追跡する施設を造営して、まぶしいほど白いパラボラアンテナを島中に点在させている。ばかでかいゴルフボールといった感じのアンテナが、クレーターの端にいくつも張りついている。

1960年1月22日、ロケット、アトラス号が

ポルトガル語 Assunção ｜英語 Ascension Island ｜ 7° 56′ S 14° 22′ W
91㎢｜居住者 1000 人

05

イギリス　大西洋

アセンション島　昇天島

1000　1560 km → コートジボワール

1000　2000　2250 km → ブラジル

1000　2000　2110 km → トリンダージ島（09）

1503 年 5 月 20 日（昇天の祝日）　アフォンソ・デ・アルブケルケにより再発見　1960〜61 年　ミサイル監視基地の建設

1500　1600　1700　1800　1900　2000

1501 年 3 月 25 日　ジョアン・ダ・ノーヴァにより発見　1899 年 12 月 15 日　海底ケーブルが初敷設される

フロリダから打ちあげられ、昇天島の目前でふたたび大気圏に突入した。このとき、島のレッド・ヒルの上空を眺めていてその様子をつぶさに観察したのが、ケーブル・アンド・ワイヤレス社の技師、リチャード・エアリアだった。

なにも起こらない。天に懸かるのは、上下逆さまになった北斗七星のみ。30分が過ぎた——いまだなにごともなし。ふいに緑色の閃光が2本、空に走る。あれだ！　ロケットが極彩色に輝きながら大気に突入していき、島全体を皎々と照らしだす——はじめは緑、つづいて黄、赤、オレンジ、そしてふたたび緑——みるみる落下、ついに消失。パーツが火のような赤いかけらになって降り注ぎ、灼けた機首が、海のなかでめまぐるしく色を変えながら燃え尽きていく。白っぽい赤から赤、赤から暗い赤へ。そうして闇。と、長い低いとどろきが海の底から湧きあがり、ついで耳をつんざくような爆音と轟音が、少なくとも1分半はつづく。ふたたび静寂。ふいにアメリカ人の誰かのがなり声が闇にひびき、その静寂を破る。「いまに見てろよ、ロシア野郎ども！」——人類初の有人飛行をめざす宇宙競争は、この昇天島で火蓋を切ったのだ。

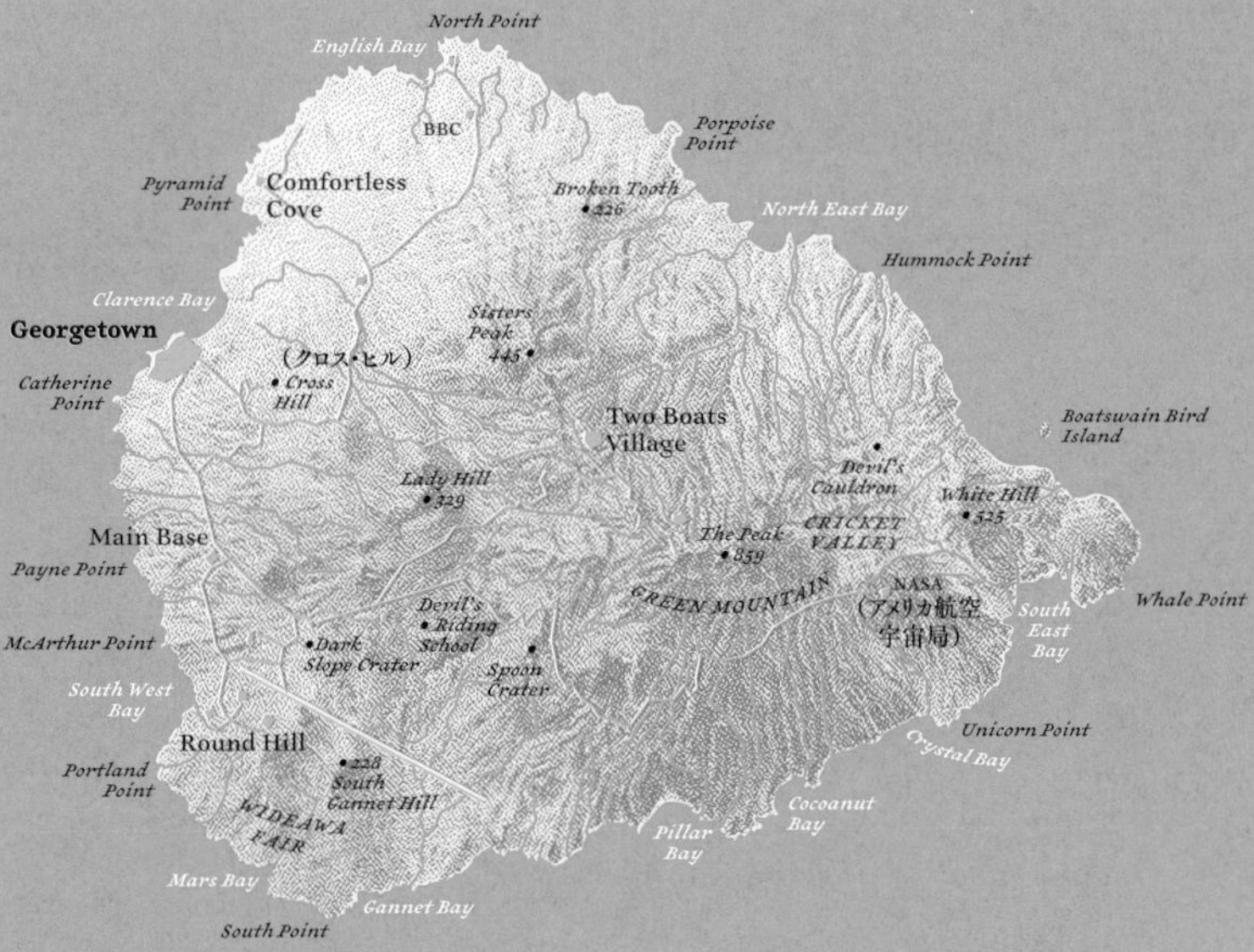

North Point
English Bay
BBC
Porpoise Point
Pyramid Point
Comfortless Cove
Broken Tooth 226
North East Bay
Hummock Point
Clarence Bay
Georgetown
Sisters Peak 445
（クロス・ヒル）
Cross Hill
Catherine Point
Two Boats Village
Boatswain Bird Island
Devil's Cauldron
Lady Hill 329
White Hill 525
Main Base
The Peak 859
CRICKET VALLEY
Payne Point
GREEN MOUNTAIN
NASA
（アメリカ航空宇宙局）
South East Bay
Whale Point
McArthur Point
Dark Slope Crater
Devil's Riding School
Spoon Crater
South West Bay
Unicorn Point
Crystal Bay
Round Hill
Portland Point
228 South Gannet Hill
WIDEAWA FAIR
Cocoanut Bay
Pillar Bay
Mars Bay
Gannet Bay
South Point

0 1 2 3 4 5 km

すぐ近くに活発な火山島がある。その風陰の、鬱屈した心臓のように見える島だが、その心は、御されることを知らない。群島のいちばん端に位置するこの島には雲が低く垂れこめ、他の島に砂漠の風がたえず吹きつけるのとはちがって、たくさんの雨が降る。アーモンド、ナツメヤシ、ココヤシの葉むらに、ロベリア、キョウチクトウ、オシロイバナの花むらに、露が玉をなして宿る。河川でできた血管と山脈が形づくる強い筋肉をそなえた、ひとつの心臓のような島。

その心臓が繊細にきざみだすのが、この土地の哀愁に満ちた歌謡、〈モルナ〉のリズムだ。休むことなく拍動する、古い短調の調べ。生きることの救いがたさ、去りゆく運命《さだめ》と戻る運命の逃れがたさへの嘆きが、哀切に歌われる。それはルーツを焦がれ、過ぎ去った時間の名状しがたい一瞬をなつかしみ、はるかな郷《くに》を、故郷を恋いもとめる歌であるが、じつはその故郷を持っている者はひとりもいない。想いはこの群島のようにちりぢりであり、心がはげしく求めるどこかは、ここのほかにはどこにもないのだ。〈モルナ〉は土着の住民というものを持たない土地に生まれた歌謡である。ここに生きる人々は、みんな帰りそびれた入植者か、その入植者の奴隷か、みずから望んでやってきた移住者、ないしは強いられた移住者の子

ポルトガル語 Brava［〈御しがたい〉］　64㎢｜住民 5698 人｜14° 51′ N　24° 42′ W

06

カーボヴェルデ　大西洋

風下（ソタヴェント）諸島

ブラヴァ島

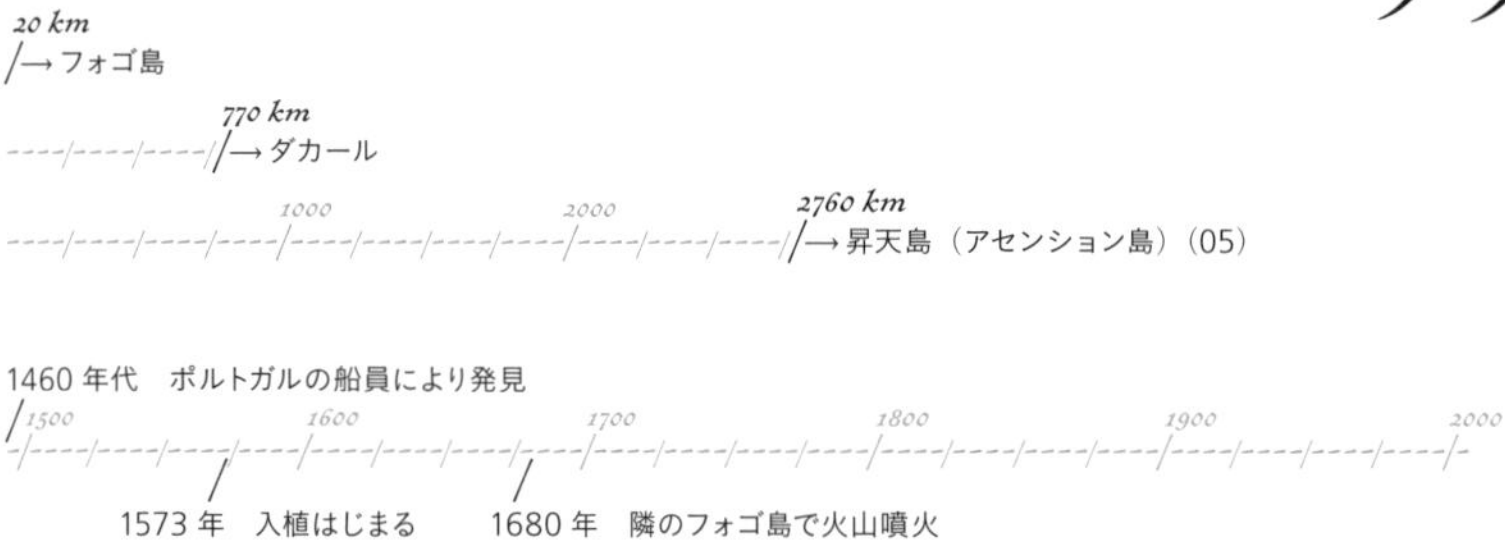

孫なのだから。碧い目をした黒い肌の人々である。

名曲《ソダーデ》は、ゆったりしたメロディでためらいがちにはじまる。つづいてレガートのかかった長いフレーズ。4分の4拍子でギターがバスラインに入り、そこにカヴァキーニョのつま弾きによるシンコペーションが寄り添う。時にはバイオリンが加わる。港の酒場やダンスホールに生きている歌だ。

「だれがあなたと行くでしょう／この遠い旅に／だれがあなたと行くでしょう／この遠い旅に／サン・トメへのこの旅に／切なく恋しい《ソダーデ》　切なく恋《ソダー》しい《デ》／切なく恋しい《ソダーデ》／わが郷《さと》サン・ニコラウ／あなたが手紙をくれるなら／私も手紙を書きましょう／私を忘れてしまうなら／私もあなたを忘れましょう／切なく恋しい《ソダーデ》　切なく恋しい《ソダーデ》／切なく恋《ソダー》しい《デ》／わが郷サン・ニコラウ／いつかまた／あなたが帰るその日まで」。

島民の3分の2は他国から来た人々である。

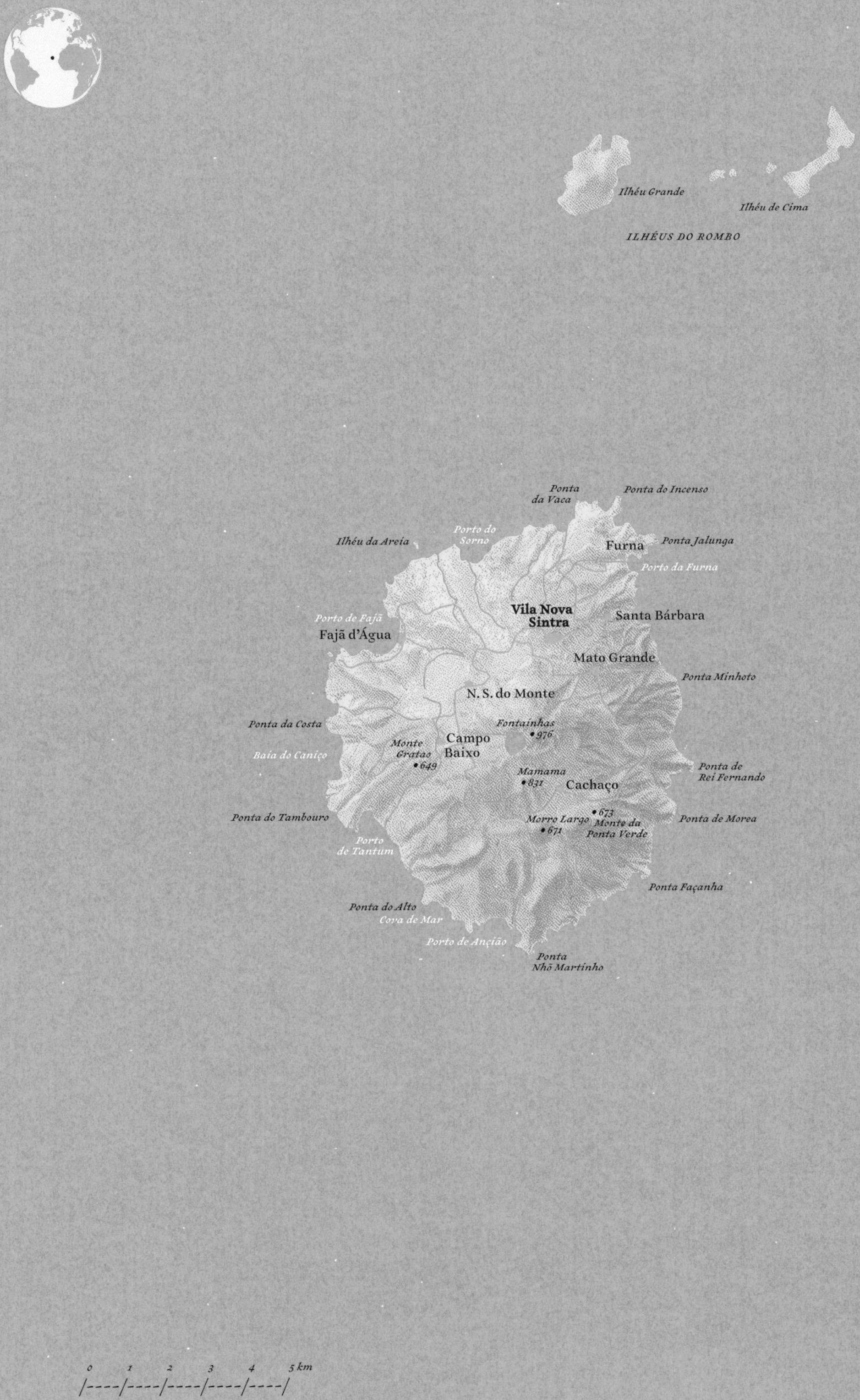
Ilhéu Grande
Ilhéu de Cima
ILHÉUS DO ROMBO
Ponta da Vaca
Ponta do Incenso
Porto do Sorno
Ilhéu da Areia
Furna
Ponta Jalunga
Porto da Furna
Porto de Fajã
Fajã d'Água
Vila Nova Sintra
Santa Bárbara
Mato Grande
Ponta Minhoto
N. S. do Monte
Ponta da Costa
Fontainhas
976
Campo Baixo
Monte Gratao
649
Baía do Caniço
Ponta de Rei Fernando
Mamama
831
Cachaço
673
Ponta do Tambouro
Morro Largo
671
Monte da Ponta Verde
Ponta de Morea
Porto de Tantum
Ponta Façanha
Ponta do Alto
Cova de Mar
Porto de Anção
Ponta Nhô Martinho
0
1
2
3
4
5 km

ポルトガル語 Ano Bom［〈良き年〉］｜ファ・ダンブ語 Pagalu［〈巨鶏〉］｜1° 26′ S
17㎢｜住民 5314 人｜5° 38′ E

07

赤道ギニア　大西洋

アンノボン島

190 km → サン・トメ島
610 km → マラボ
5580 km → トロムラン島（20）

1470 年　ディエゴ・ラミレス・デ・ラ・ディアスにより発見
1968 年　赤道ギニアの領土となる

２００３年９月26日、アマチュア無線家のチームがアンノボンに遠征し、３Ｃ０Ｖのコールサインで通信をはじめた。天気が悪く、また低い周波数帯域も使っていなかったが、チームはすぐに多数のアマチュア無線局と交信することができた。周波数が低ければ低いほど、電波の波長は長くなる。

はるばる離島までやってきた無線家チームを連日妨害したのは、天気ではなく、軍部だった。あれこれと質問を浴びせ、書類を出させて検分した。アマチュア無線家はその地の政治とか宗教にはなんの関心も関係もない、ただたんに、国境を越えた無線通信を楽しみたいだけだ――そのことはあらかじめこの国、赤道ギニアの省庁とかけあって、ちゃんと書面にしてあった。遠征の参加者全員が、交通通信省から２週間の島の滞在許可をめいめい取得していたし、無線装置を一時的に持ち込み、おなじものを持ち帰るという許可を税関から取り付けていた。

10月４日朝10時、無線家チームのアンノボン遠征は唐突に終わりを告げた。交信をただちに止め、アンテナをしまうように、と公的機関が命じたのだ。設置した無線局を片付けるために３時間の猶予があたえられた。アマチュア無線家たちは、その日のうちにロシアの貨物飛行機で赤道ギニアの首都マラボに送られた。撮影した写真のほとんどが没収され、家族への電話も途中でたびたび中断された。

ＤＪ９ＺＢとＥＡ５ＦＯの２人には、２日後、現地を去る許可が下りた。ＥＡ５ＢＹＰとＥＡ５ＹＮは勾留された。10月10日、彼らにもようやく帰国許可が出た。

「……遠征の目的を達成できなかったことがかえすがえすも残念です。それから、諸団体、諸クラブ、個人のみなさんがわれわれにお寄せくださったご支援、アンノボン島の住民のみなさんのご親切と友情に深く感謝します。残念ながら今回の出来事については、将来的に遠征の可能性を残しておくため、詳細をお話しすることはできません。われわれが陥った困難かつ厄介な状況につきまして、ご理解をお願いする次第です。しかしわれわれはこれに懲りず、状況が好転次第、３Ｃ０Ｖをまた運用できるよう希望を捨てません」。

――了解《ラジャー》しました、どうぞ《オーヴァー》。これにて《アンド》交信終了《アウト》。

San Antonio
de Palé
Isla Tortuga
Dyo Dyo
Pico do Fogo
435
Lago
a Pot
Anganchi
Pico
Quioveo
598
Bahia
de Aual
Aual
Bahia de
A Jabal
Bahia
Ate
Mábana
Punta
Olonganchi
Punta Manjob
A Dyibó
0
1
2
3
4
5 km

「フリゲート艦一隻など話にならん、小さすぎる!」――ボナパルティスト、つまりその男とその男の体制をいまだ支持する者たちは憤慨して、一個艦隊を出せ、と要求した。つまるところ、ワーテルローの会戦で失ったものを回復することこそが肝心だったからだ。この使命の指揮を執り、冥府の川の渡し守をつとめることになったのは、老カロンならぬ、若きジョアンヴィル公だった。葬列に加わるのは、国王親任官1名、聖職者1名、医師1名、錠前師1名、素描家1名。随員として、その男が追放されたときの忠臣と従僕が数名ずつ。一行は、ヨーロッパが大陸から遠ざけた男の遺骸を引き取るために、そろって海を渡ったのである。死の島への渡航のために、フリゲート艦ベル・プール号は、わざわざ黒塗りにされた。

その男は、いつも島でしくじりをおかした。大きな海戦で勝ったためしがなかった。「卑劣なイギリス《ペルフィード・アルビオン》めが!」。その男が最期を迎えた流刑の島には、自由がなかったわけではない。欠けていたのは権力だった。そして、世界の表舞台に返り咲けそうな見込みだった。彼は一個連隊に監視され、忠実な裏切り者たちに囲まれて、吹きさらしの高台に建てられた館で暮らした。もはや、殉教者になることしかできなかった。弟子たちをまわりにはべらせ、その弟子たちが福音書さながらに、男

英語 Saint Helena | 15°57′ S 5°42′ W 08
122km² | 住民 4481 人

イギリス 大西洋

セント・ヘレナ島

1850 km →アンゴラ
3290 km →ブラジル
2010 km →アンノボン島(07)

1815年10月15日 ナポレオン到着
1502年5月21日 ジョアン・ダ・ノーヴァにより発見
1821年5月5日 ナポレオン死亡

の言動を記録にしたためた。男はまたプロメテウスを気取り、黒ずんだ岸壁の端に立って、すでに歴史書の一部となったおのれの過去のこだまを聞きとるべく耳をそばだてた。

ぴったり真夜中にイギリス軍の兵士が鉄格子を開き、地面から3枚の板を取りはずした。たいまつの火が照らすなか、マホガニー、鉛、黒檀《こくたん》、錫《すず》で四重の入れ子にした棺が取りだされた。そろそろと最後の棺が開けられ、医師が白い亜麻布を持ちあげた。その男は、近衛兵の制服に身をつつんで横たわっていた。胸に勲章をつけ、上腿に帽子を載せ、あたかも眠っているごとくに。やすらかで、泰然としていた。ゆがんだ鼻、青い髭、そして長くてやけに白い爪。からからに干涸らび、ミイラ化していた。死者の眠りを覚ました人々は衝撃を受け、忠臣たちは声をあげて泣いた。

どしゃぶりの雨のなか、石棺は43人の男に曳かれ、道路まで出て、車に載せられた。金の蜂と大文字のNを刺繍した紫布が、棺を覆った。

3日後の1840年10月18日、錨《いかり》が巻きあげられた。皇帝が国に帰るのだ。

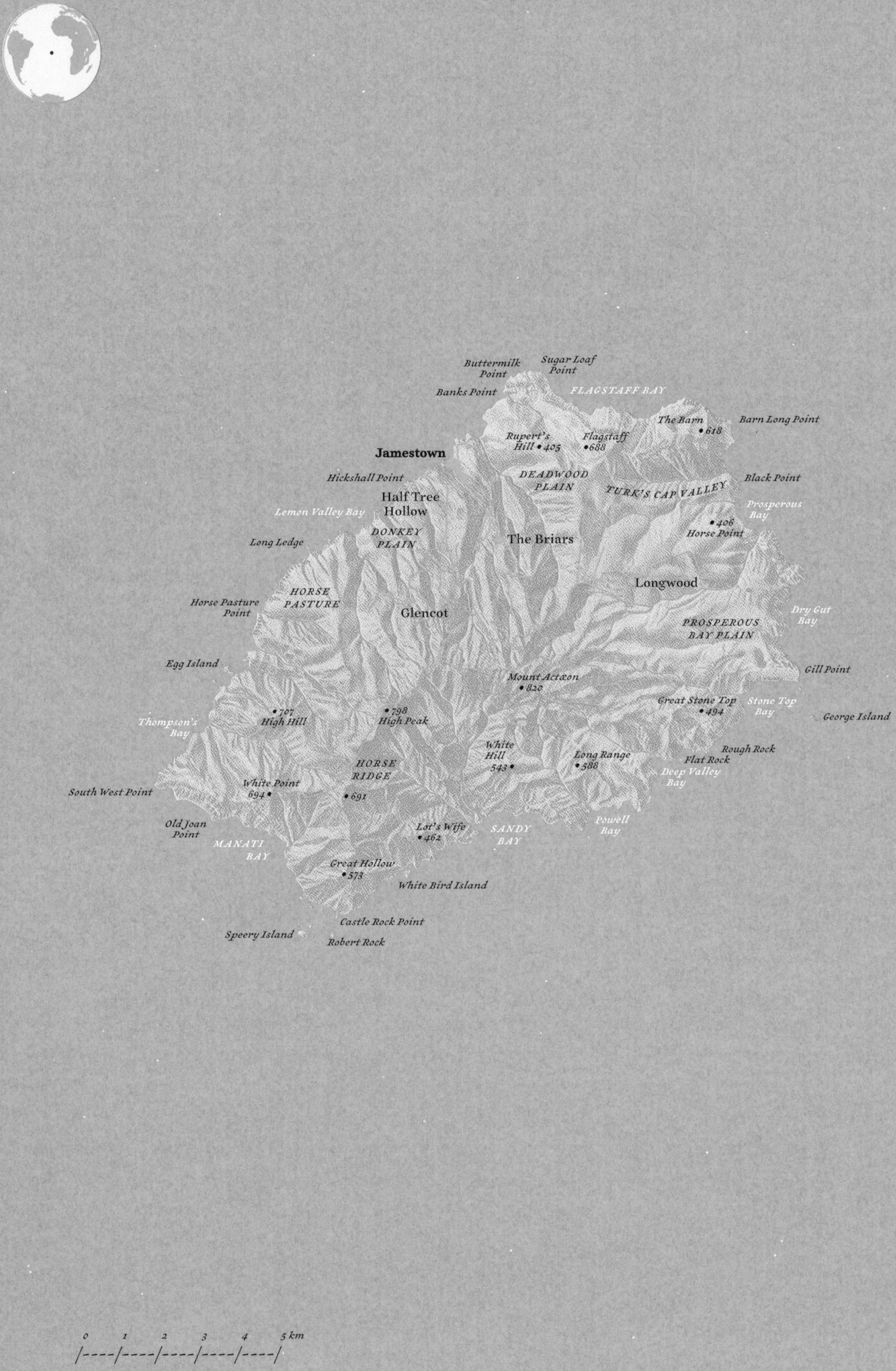
Buttermilk Point
Sugar Loaf Point
Banks Point
FLAGSTAFF BAY
The Barn
• 618
Barn Long Point
Rupert's Hill • 405
Flagstaff • 688
Jamestown
DEADWOOD PLAIN
Hickshall Point
Black Point
TURK'S CAP VALLEY
Half Tree Hollow
Lemon Valley Bay
Prosperous Bay
• 406
Horse Point
DONKEY PLAIN
The Briars
Long Ledge
Longwood
HORSE PASTURE
Horse Pasture Point
Glencot
Dry Gut Bay
PROSPEROUS BAY PLAIN
Egg Island
Gill Point
Mount Actæon
• 820
Great Stone Top
• 494
Stone Top Bay
George Island
• 707
High Hill
• 798
High Peak
Thompson's Bay
Rough Rock
White Hill
543 •
Long Range
• 588
Flat Rock
Deep Valley Bay
HORSE RIDGE
White Point
694 •
• 691
South West Point
Old Joan Point
Lot's Wife
• 462
SANDY BAY
Powell Bay
MANATI BAY
Great Hollow
• 573
White Bird Island
Castle Rock Point
Speery Island
Robert Rock
0
1
2
3
4
5 km

09

20° 30′ S
29° 20′ W

ポルトガル語 Ilha da Trindade［〈三位一体島〉］
10㎢｜住民 32 人

ブラジル　大西洋

トリンダージ・マルティン・ヴァス諸島

トリンダージ島

1140 km → ヴィトリア

1450 km → リオ・デ・ジャネイロ

2540 km → セント・ヘレナ島（08）

1502 年 5 月 18 日　ヴァスコ・ダ・ガマにより発見

1890〜96 年　イギリスが占領

災害地の見本のような場所だ。ひっつかんで海にざんぶと投げ入れたような地形。屈曲し、急峻で、人を寄せつけない。散歩に出た人がそのまま消息を絶つこともたびたびだ。何メートルもの高波にさらわれる。土砂崩れの下敷きになる。クレーターに落ち込んでそのまま。墓地では亡骸のない十字架の数々が、行方の知れぬ人々をしのんでいる。ここは人間のために造られた島ではない。

　1958年1月16日、観測船アルミランチ・サルダンニャ号が錨をあげる直前、同乗の写真家アルミーロ・バラウナがトリンダージ島南岸の風景を撮りおさめしようとしていると、12時15分、明るく輝くひとつの物体が空に出現した。物体はコウモリのように波状に飛びながら島に接近し、クリスタ・ジ・ガロ鼻の方向に向かっていった。

　飛行物体は円盤状で、金属的な輝きを放ち、緑っぽい燐光のような靄《もや》に包まれていた。デッキにいた士官や乗組員は、光る物体を見て騒然となった。30秒後、気を取りなおしたバラウナがカメラを構え、ファインダーをのぞいて、2度シャッターを押した。それから物体はデゼジャードの山かげに姿を隠したが、数秒後、急旋回してきたと見え、また姿をあらわした。先刻よりも距離が近く、大きく見えた。船橋《ブリッジ》は混乱におちいり、バラウナは人混みにもまれつつさらに4枚の写真を撮ったが、あやしい飛行物体はおよそ10秒後にかなたの雲のなかに消え、それっきり、姿をあらわさなかった。

　バラウナの写したという写真は、露出オーバーだ。6枚のうち4枚に、未知の物体が位置を異にして写っている。中央部に輪があり、一見するとひしゃげた土星のよう。混乱したデッキで撮影に失敗したという2枚は、傾いた手すり、海面、島の海岸のくろぐろとした巌《いわお》のほかはなにも写っていない。海から切り立つ鋭い鋸歯《きょし》のようなその巌は、奇っ怪で、化け物じみ、これこそ異世界の物体のようである。

（クリスタ・ジ・ガロ鼻）
Ponta da Norte
Ponta Crista de Galo
Obelisco
430
Ponta do Valado
Ponta do
Monumento
Enseada
dos Portuguêses
Pico
Desejado
620
Ponta de Pedra
Ilha da Rachada
（デセジャード山）
Pico
Branco
470
Parcel
das Tartarugas
Enseada
da Cachoeira
Ponta dos
Cinco Farilhões
Enseada
do Príncipe
0 1 2 3 4 5 km

10

ノルウェー語 Bouvetøya | 英語旧名 Lindsay Island または Liverpool Island | 54° 25′ S 3° 21′ E
49㎢ | 無人

ノルウェー　大西洋

ブーヴェ島

アフリカ南端、イギリス領ケープ植民地の南には広大な海洋が広がっていた。19世紀末、海洋学の調査の手はまだそこまで届いていない。アガラス浅堆《バンク》から先は、測鉛が下ろされたことはなかった。その時代に、熱帯行きの白い化粧をほどこしたドイツ初の深海調査船、ヴァルディヴィア号が針路を南にとった。50年以上前からたどる船が絶えていたコースである。イギリスの海図にもまだ描き込まれていない海域だったが、ひとつだけ、確証がないまま記されているものがあった。前世紀に南緯54度でブーヴェが視認したという、小さな群島である。ブーヴェはそれを伝説の〈南方大陸《テラ・アウストラリス》〉の岬のひとつと考えていた。その後クック、ロス、ムーアが、ブーヴェが報告した地点で島影を探したが、確認できなかった。ほかにも2隻の捕鯨船の船長が島々を見たと申し立てたものの、それぞれの位置には食い違いがあった。

　気圧計の数字が下がり、激しい嵐になった。ビューフォート風力階級10レベルの暴風である。ヴァルディヴィア号はやむなく舳先《へさき》を風上に向けてこらえた。天はかき曇り、さっそく〈嵐の鳥〉が飛来した。ミズナギドリ目に属する灰色のアホウドリで、頭が黒くて目のまわりが白く、吸血鬼さながら、荒天と闘う船の上空を不気味なほど静かに旋回している。蒸気船はうねる波にくり返し襲われ、大きく横揺れして、実験室のガラスフラスコがつぎつぎと棚から落ちた。一定の間をおいて汽笛を鳴らすと、霧に隠れていた氷山が澄んだこだまを返してきた。

2510 km → 喜望峰
1700 km → 南極大陸
1910 km → トリスタン・ダ・クーニャ島（11）

1739年1月1日　ジャン＝バティスト・シャルル・ブーヴェ・ド・ロジエにより視認。計測誤差により、実際とは異なった位置が記録される
1825年12月10日　ジョージ・ノリスが上陸、リヴァプール島と命名
1930年2月27日　ノルウェーが併合

　そうこうするうち、ついに船は、ブーヴェ島、リンゼイ島、リヴァプール島、とイギリス版海図に3つの島が記された海域に到着した。水深を測ると、たしかに海中に海嶺《かいれい》が走っている。しかも陽光のなす錯覚で、水平線付近の雲の厚いつらなりは、本物の陸と見まがうばかりだった。だが実際の群島はというと、影も形もない。

　1898年11月25日の真昼どき、壮麗に輝く巨大な氷山がはじめて視界に入った。3時30分、一等航海士がうわずった声で叫んだ――「ブーヴェ諸島が目の前だ！」。だが、はじめはぼんやりと、やがて右舷わずか7海里の距離にくっきりとその輪郭をあらわしてきたものは、じつは群島ではなかった。荒々しくも荘厳な、たったひとつの険しい島だった。切り立った氷壁を持ち、海面まで氷河がなだれ落ち、全体が巨大な雪嶺からなっていた。これだったのだ、ブーヴェ島は。75年間、3つの探検隊が探し求めたがつきとめられなかった幻の群島は。すべてひとつのおなじ島だったのである。

（ヴァルディヴィア岬）
Kapp Valdivia
Kapp Circoncision
MORGENSTIERNEKYSTEN
VICTORIATERRASSE
Olavtoppen
780
Kapp Lollo
WILHELMPLATÅET
Mosbytoppen
670
SLAKHALLET
Kapp Meteor
ESMARCHKYSTEN
645
Randtoppen
766
Lykketoppen
Kapp Norvegia
VOGTKYSTEN
Kapp Fie
Catoodden
Larsøya
0 1 2 3 4 5 km

理想の社会を築くためには何が必要だろう？　人間が数人――男ばかりの方が面倒がない――と、主《あるじ》のいない島が1つ。あらゆる大陸から遠く離れ、時間の流れの外にある島。風が鞭《むち》をふるう火山性の岩、むきだしの岩礁、黒々とした海岸――夢に見たような風景だ。まさしくその〈どこにもない場所〉で、3人の男たち――イギリス軍の一員としてこの島に駐屯していたが、そのまま残留した男たち――が1817年11月のある日、自分たちの共同生活にいくつかの基本ルールを設けることに合意した。彼らは自分たちの企てを〈社《ザ・ファーム》〉と名づけたのみだったが、その協定は、よりよい世界のモデルとしてのユートピアにきわめて近いものだった。

なにかの理論にもとづいていたわけではない。島のルールは簡素にして大胆だった――みんなが平等であり、みんなですべてを分かち合う。家畜も備蓄も、利益も費用も、労働も労力も、「病に妨げられないかぎりにおいて」。平等が保たれるように見張り番をつとめるのは、ウィリアム・グラスという男。スコットランドの出で王立砲兵連隊伍長であり、この男だけが幼妻《おさなづま》――ケープタウン生まれのクレオールの女性だった――と子を同伴していた。

しかしコミュニティはたちまち大きくなる。難

Tristan da Cunha | 37° 06′ S | 11
104㎢ | 住民 243 人 | 12° 17′ W

イギリス　大西洋

トリスタン・ダ・クーニャ島

1000　2000　2770 km → 喜望峰

1000　2000　3000　3340 km → リオ・デ・ジャネイロ

410 km → ゴフ島（13）

1817 年 11 月 7 日　ウィリアム・グラスが共同生活の原則に署名する

1500　1600　1700　1800　1900　2000

1506 年　トリスタン・ダ・クーニャにより発見

1961～63 年　火山噴火により全島避難

破船から漂着した人々が加わり、ほどなくして伝説に包まれた国が生まれた。挫折した人間はいつの世もいちばん熱くユートピアを夢見る。脱走兵、下女、ナンタケットの捕鯨者、セント・ヘレナから結婚相手を求めて来た女たち、運試ししたい者、その他多様なはぐれ者。島にやって来て留まろうとする者たちは、夜、ストーブの火の反照のなかで、自分の人生をあたかも他人のそれであるかのように語った。ホッテントットの軍団で馬を率いていた……捕鯨船で銛《もり》を投げていた……。女たちだけは料理と育児で手いっぱいだった。たがいに歳の1つしか違わない子どもたちは、茹でた馬鈴薯と魚の単調な食事のおかげか、そろって健康ではちきれんばかりだった。商売までも繁盛した。島はついには南大西洋でただひとつ、海路によって新鮮な水や野菜や肉が届けられる場所となった。

物々交換、および馬鈴薯を通貨としたつつましい楽園。島のルールにはやがてこんな文言がつけ加えられることになる――「何人たりと、他の者に向かい、その者が果たすべき義務があるとしきりに注意するべきではない。不和はそのようなことから生じるからである」。

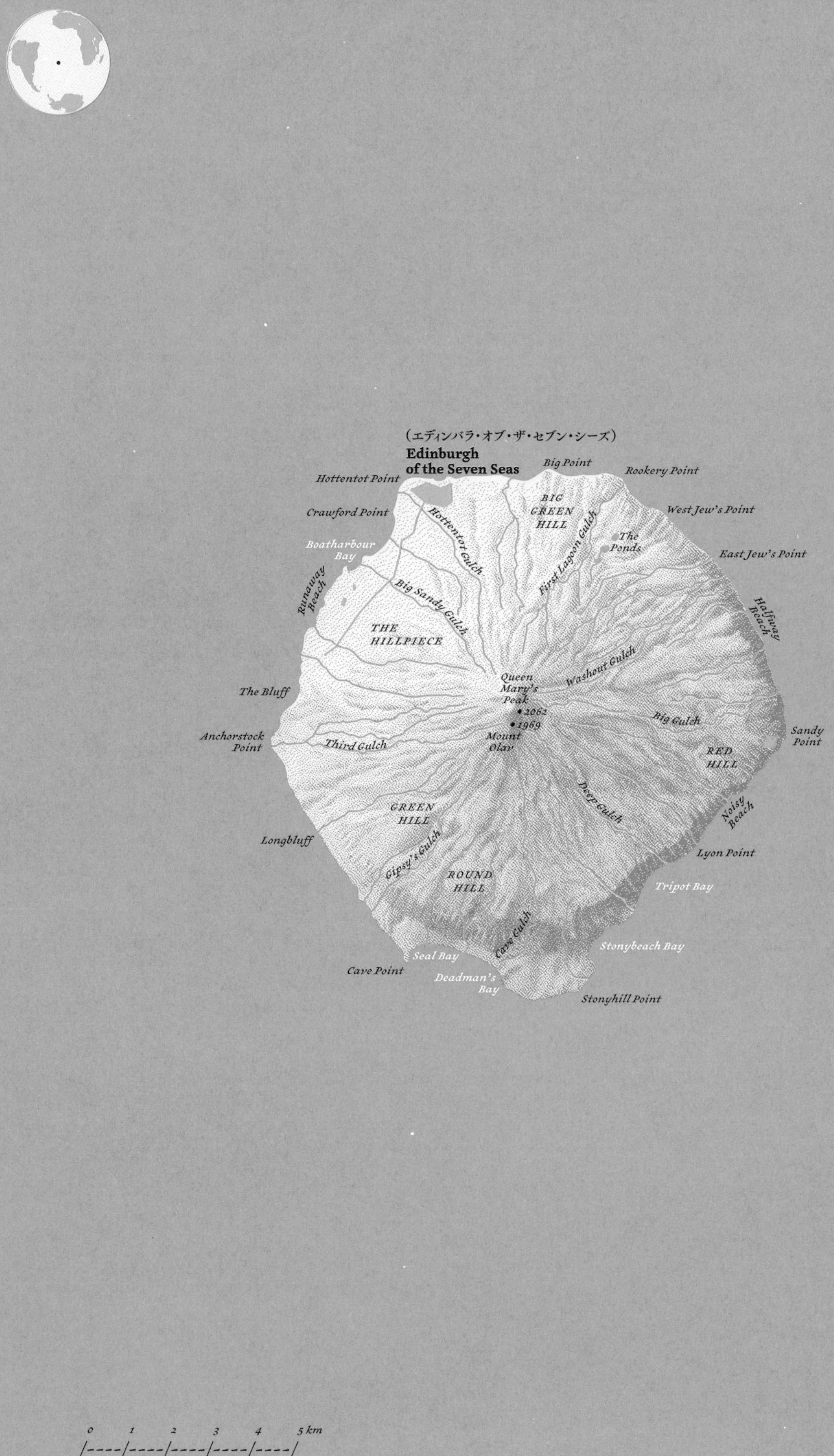
（エディンバラ・オブ・ザ・セブン・シーズ）
Edinburgh of the Seven Seas
Big Point
Rookery Point
Hottentot Point
West Jew's Point
Crawford Point
BIG GREEN HILL
Hottentot Gulch
The Ponds
First Lagoon Gulch
Boatharbour Bay
East Jew's Point
Runaway Beach
Big Sandy Gulch
Halfway Beach
THE HILLPIECE
Washout Gulch
Queen Mary's Peak
2062
1969
Mount Olav
The Bluff
Big Gulch
Anchorstock Point
Third Gulch
Sandy Point
RED HILL
Deep Gulch
GREEN HILL
Noisy Beach
Longbluff
Gipsy's Gulch
Lyon Point
ROUND HILL
Tripot Bay
Cave Gulch
Stonybeach Bay
Seal Bay
Cave Point
Deadman's Bay
Stonyhill Point
0 1 2 3 4 5 km

12

イギリス　大西洋

サウス・サンドウィッチ諸島

南トゥーレ

英語 Southern Thule | 59° 27′ S　27° 18′ W
36㎢ | 無人

740 km → サウス・ジョージア島
1400 km → 南極大陸
960 km → ローリー島（52）

1775年1月31日　ジェームズ・クックにより発見
1500　1600　1700　1800　1900　2000
1976～82年　アルゼンチンが占領

古代に〈トゥーレ〉と呼ばれる伝説の地があった。どこにあったのか？　世界の果ての果てだ。北極圏である。板塀でふさいであるとされた〈世界の行きどまり〉のほんの手前、見知った世界がここで終わる、というところ。極北に存在する島であって、あたりの海はまっ暗に荒れ狂い、誰も近づきたがらない。古書によれば、〈凍りついた海〉からは船旅で1日の距離にあった。

時代は下って18世紀、司令官クックは第2回航海の針路を南にとった。こんどこそ〈南方大陸《テラ・アウストラリス》〉を発見せよ、と命じられていた——当時、世界地図の南半球には、とてつもなく大きな幻想の大陸が描かれていた。広大な陸地であって、気候温順にして地下資源に富み、文明人が住まう地だという。世界中に知られながら、知られざる《インコグニタ》伝説の大陸だった。

1775年1月、クックが指揮するリゾリューション号は、南氷洋に向かって4度目の船出をした。だがこのたびも莫大な層氷や氷塊に行く手をはばまれ、南緯60度を少し越したあたりでふたたび針路を北に向けたときには、乗組員みなが安堵の色を顔に浮かべた。雨がちで霧の深い天気、厳しい寒さ、氷のように冷たい索具の操作、ひっきりなしの凍傷、リウマチの苦痛に、水夫たちはすっかり音《ね》を上げていたのである。疲労のあまり失神し、まる一日目覚めない者もいた。

ふいに、船が凍てついた陸地に突きあたった。切り立った黒い断崖に、洞穴が無数に開いている。ウミウがその天井に棲み、下部は叩きつける荒波に洗われていた。厚い雲が山々を覆い、そのはるか上方に、ひとつだけ雪を被った峰が、1000メートルはありそうにそびえていた。およそ5海里先、不毛な陸の南端にもうひとつ頂きが見え、ひょっとするとあれが探し求めた伝説の大陸の北端なのかもしれなかった——だが、少なくともいまたしかに言えるのは、未来永劫融《と》けそうもない万年雪と氷に閉ざされたこの廃墟のような島、暗く、冷たく、恐ろしいこの陸塊は、およそ人間が用立てられるような場所ではないということだった。世界のなかのこの部分は、濃い闇に包まれたまま、とこしえに自然の手にゆだねられた場所なのだ。

ここにあらたな〈トゥーレ〉があった。見知った世界のもうひとつの果てが。

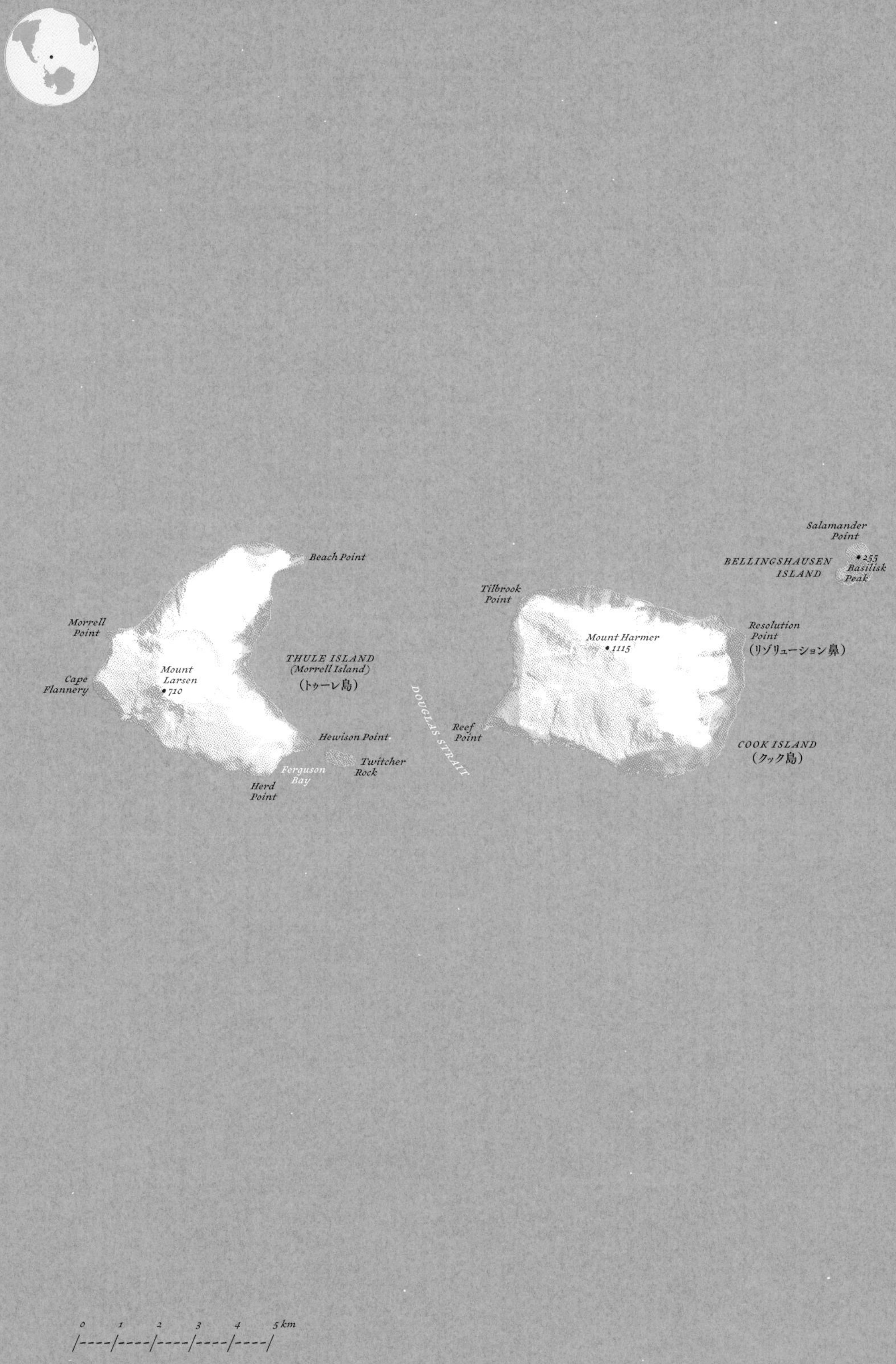

Beach Point
Morrell Point
Cape Flannery
Mount Larsen
710
THULE ISLAND
(Morrell Island)
(トゥーレ島)
Hewison Point
Twitcher Rock
Ferguson Bay
Herd Point
DOUGLAS STRAIT
Tilbrook Point
Reef Point
Mount Harmer
1115
Resolution Point
(リゾリューション鼻)
COOK ISLAND
(クック島)
Salamander Point
BELLINGSHAUSEN ISLAND
255
Basilisk Peak
0
1
2
3
4
5 km

やつらはたいてい夜中にやってくる――親鳥がひなを巣に残し、沖に出ていって、イカやカニ、オキアミなどを求めて水に潜っているときに。鳥の巣が島のどこにあろうと関係はない。地面の上だろうが、海岸べりのぼうぼうと茂った草藪のなかだろうが、低地帯の木質化した叢林の木生《もくせい》シダの蔭だろうが、波打っている荒れ地の丘だろうが、風の吹きつける高原の泥炭地だろうが、地下溶岩洞のなかだろうが、切り立った崖の岩の隙間だろうが――加害者どもは巣を突きとめる。そしてそこにいるひなたちの羽毛の衣が途切れて皮膚があらわになっている箇所――背中の下側、臀部《でんぶ》、尾隆起――に目をつける。体壁を、結合組織を食い破り、しまいには内臓が腹腔から垂れ下がるまで囓《かじ》っていく。寄生生物さながら、生きたままひなを丸囓りにするのだ。

あとに残されるのは、中身をそっくり抜かれた骸《むくろ》だけ。羽毛、皮膚、骨、そして小さな歯が彫刻した卵殻。現場に残された紡錘形の糞が、加害者の正体を告げている――ハツカネズミだ。

なんとなれば、人間の存在するところ、ハツカネズミも存在するのである。適応力抜群のインベーダー。人間によく似ているとのことで、世界中の実験室で人間の身代わりとなり、あるいは行き先不明のミステリーツアーの客となって、こんな

ポルトガル語 Gonçalo Álvares｜英語 Gough Island｜40° 19′ S　9° 57′ W　13
65㎢｜居住者9人

イギリス　大西洋

トリスタン・ダ・クーニャ諸島

ゴフ島

3600 km → ブラジル
2600 km → 南アフリカ
2450 km → 南トゥーレ(12)

1505年　ゴンサロ・アルヴァレスにより視認
1675年頃　アンソニー・デ・ラ・ロッシェが上陸
1810年頃　捕鯨船を介しネズミが持ち込まれる
1938年　イギリスが併合
1956年　南アフリカ測候所運用開始

僻遠の地にまで人間に随《つ》いてきた。そしてそこで、退治される害獣から無敵の捕食者へと変身をとげたのだ。本土の仲間の3倍に大型化し、膨大な数に増えた貪欲なネズミたちが、毎年毎年、何百万羽という無抵抗のアホウドリのひなに襲いかかる。アホウドリのひなは体重が1キロはあり、成鳥のトウゾクカモメを撃退するのはお手の物なのに、ちょろちょろ動き回る別の敵にはなんの反応も示さない。この敵に対処するようにはできていないのだ。寿命が長く、成鳥になるまで時間もかかるアホウドリは、地域固有の亜種をたちまちのうちに形成するハツカネズミの進化にはけっして追いつけない。巨大化し恐れを知らないネズミたちは、南海岸ではイワトビペンギンを呑み込んでしまうほどである。

ところがこの成功があだとなる。雲の低く垂れこめた島の山頂の上空を、はやくもヘリコプターが旋回し、割れ目の多い、植物の豊かに生い茂った土地にせっせと毒餌を撒いている――ネズミのいない未来のために。「世界でもっとも生態系が乱されていない場所のひとつ」の安寧のために。

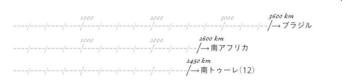

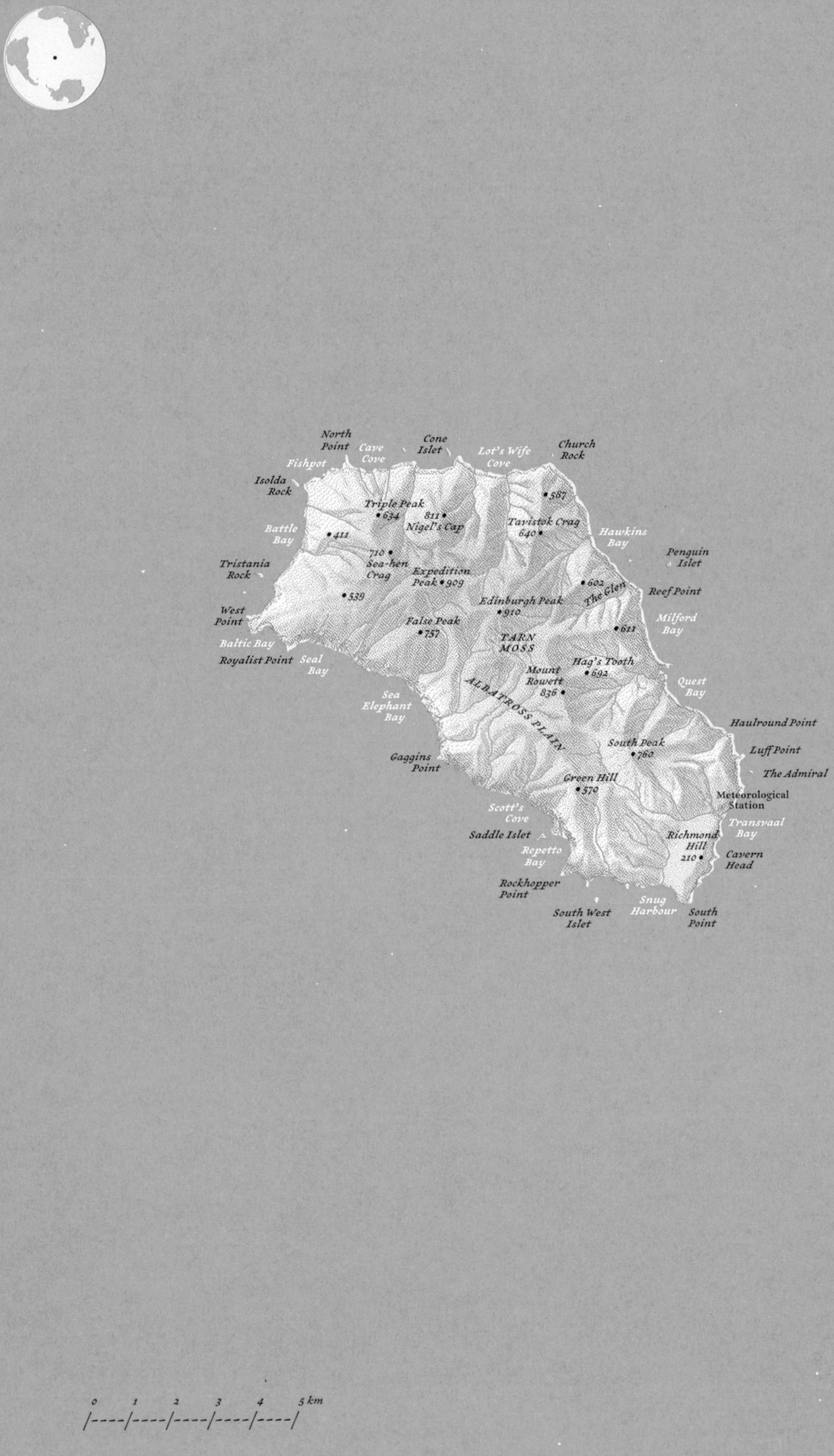
North Point
Cave Cove
Cone Islet
Lot's Wife Cove
Church Rock
Fishpot
Isolda Rock
Triple Peak 634
811 Nigel's Cap
587
Tavistok Crag 640
Battle Bay
411
Hawkins Bay
Penguin Islet
710 Sea-hen Crag
Expedition Peak 909
Tristania Rock
602
Reef Point
539
Edinburgh Peak 910
The Glen
West Point
False Peak 757
611
Milford Bay
Baltic Bay
TARN MOSS
Royalist Point
Seal Bay
Hag's Tooth 692
Mount Rowett 836
Quest Bay
ALBATROSS PLAIN
Sea Elephant Bay
Haulround Point
South Peak 760
Luff Point
Gaggins Point
The Admiral
Green Hill 570
Meteorological Station
Scott's Cove
Transvaal Bay
Saddle Islet
Richmond Hill 210
Repetto Bay
Cavern Head
Rockhopper Point
South West Islet
Snug Harbour
South Point
0 1 2 3 4 5 km

北センチネル島
ディエゴ・ガルシア島
クリスマス島
南キーリング諸島
アムステルダム島
サン・ポール島

インド洋

INDISCHER OZEAN

14

フランス語 Île Saint-Paul | 7㎢ | 無人

38° 43′ S
77° 31′ E

フランス　インド洋

サン・ポール島

3010 km → 南極大陸

4290 km → 南アフリカ

2260 km → ポセシオン島（16）

1559年　ポルトガルの地図で言及される

1618年4月19日　ハーウィク・クラース・ファン・ヒレホムにより視認

1892年10月24日　フランスが併合

１８７１年６月18日、英国軍艦メガイラ号が航行不能におちいり、サン・ポール島のクレーター開口部にできた自然の礫堤《れきてい》に乗りあげた。脱出した乗組員が陸に上がると、２人のフランス人が彼らを出迎えた。２人はブルボン島の出身であると言い、英語はまったく話せなかった。

ひとりは自分を〈総督〉と名乗った。歳は30、片方の脚が麻痺していた。もうひとりは〈家臣〉だと自己紹介した。〈総督〉よりも５歳若く、身体能力は抜群で、いかなる岩壁もこの男には険しすぎないというほどのロッククライミングの達人だった。〈家臣〉は、座礁した船の乗組員を連れて、すすんで島を案内した。そのあいだ〈総督〉は、クレーター湖の端に建てられた小屋の前にじっと陣取っていた。

〈家臣〉は、口を開ければ〈総督〉のことを〈たいそうな善人〉だと語った。一方〈総督〉は、〈家臣〉が〈根っからの悪党〉だとののしった。ある意味でこれほど息の合った二人組はなかった。一軒の小さな木造の小屋に同居し、そこにはわずかながらフランス語の書物も置かれていた。両者は久遠の昔からの、切っても切れないコンビだった。仕事は、海水が流れ込むクレーター湖に浮かぶ４艘の小さなボートを見張ること、そしてやってきた捕鯨船を——月に40フランの報酬で——記録すること。しかしこの島を訪れるような船はほとんどいない。暴風と濃霧で怖れられている海域なのだ。

島に生息する動物のうち、食用になるのはアヒル、ネズミ、ヤマネコしかなかった。ホウレンソウに似た植物をのぞけば、育つのは苔、シダ、水分のないグラス類のみ。年に１度、ペンギンの大群が押し寄せて、岩のすき間のわずかな草むらに卵を産みつけていく。巨大なペンギンは、胸が白く、背中が灰色で、両目はピンク色に輝き、頭に金色の羽根を生やしている。たいそう人なつこいが、肉は食用にならない。

風説では、かつてこのフランス人２人といっしょに、１人のムラート、つまり黒人と白人の混血の男が住んでいた。ところが〈善人〉と〈悪党〉が共謀してその男を殺害し、死体を食べ、そして遺骨を小屋に隠したという。〈総督〉が朝から晩まで番をしているのは、ほかならぬその小屋であった。

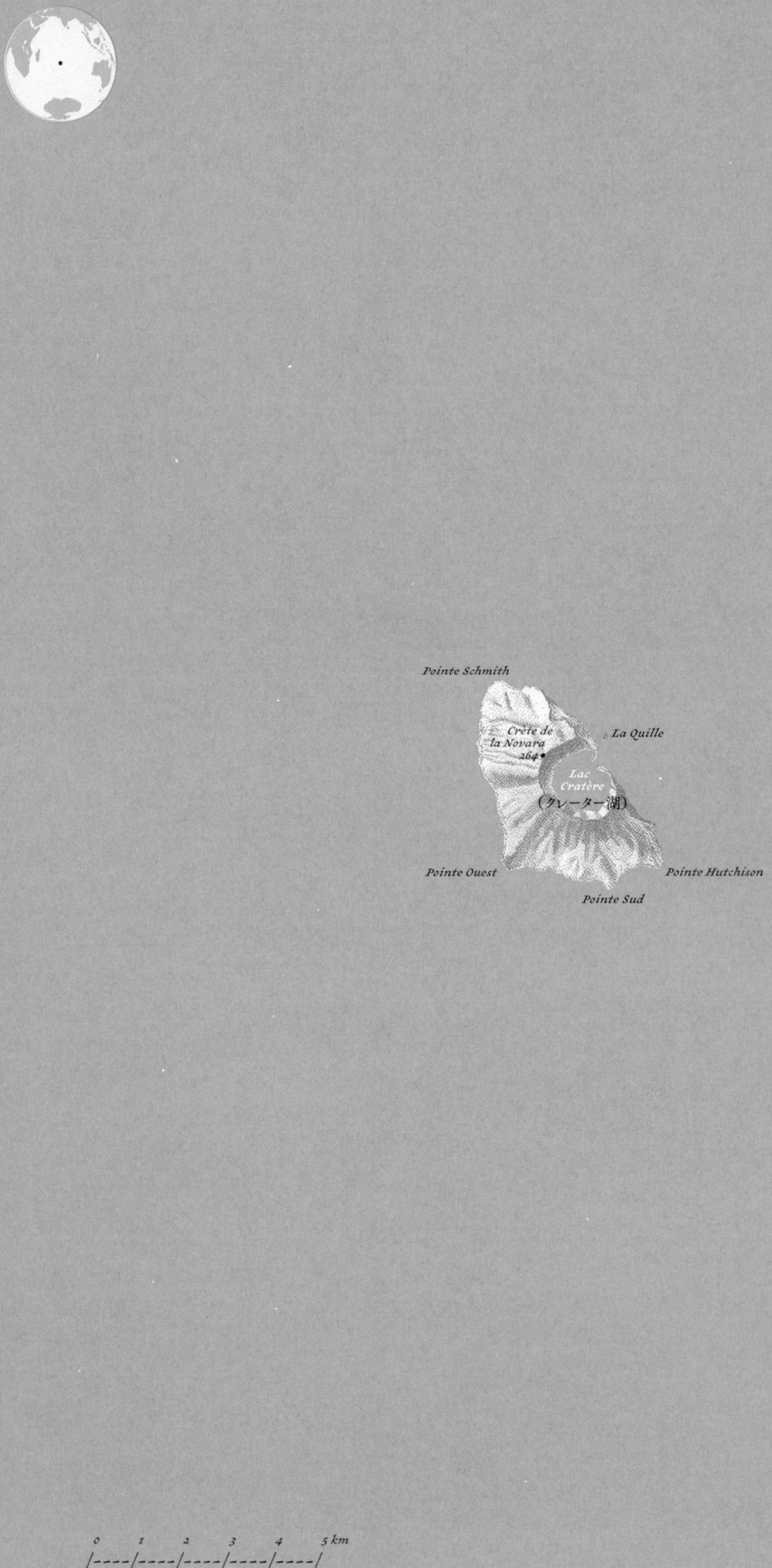
Pointe Schmith
Crête de
la Novara
264
La Quille
Lac
Cratère
（クレーター湖）
Pointe Ouest
Pointe Hutchison
Pointe Sud
0 1 2 3 4 5 km

英国軍艦ビーグル号は、12日間にわたって、礁湖《ラグーン》のなかに錨を降ろした。おだやかな水域で、ぐるりを岩礁が囲み、しぶきをあげる大波がその外壁を洗っていた。チャールズ・ダーウィンは島から島へと歩きまわり、植物や動物の標本を採集し、自然の多様さを数えあげた――植物では20種、19属、16科を発見。そのすべてが波に乗ってここまで運ばれてきた、親なき種の子孫たちだった。島全体が、環状の珊瑚礁からできていた。近くの浜から調達してきた貝殻を背中にしょったヤドカリが、そこらじゅうをうようよしていた。

1836年4月4日、海はいつになく静かだった。ダーウィンは意を決して、死んだ珊瑚の岩でできた外縁の洲を越え、外洋の大波が洗う生きた珊瑚の壁のところまで渉《わた》っていった。波打ち帯に、繊細に枝分かれした珊瑚の原が広がっていた。水中ではきらきらと光るやわらかいこの生き物も、大気に触れ、陽に照らされると干涸らびてしまう。花虫綱《かちゅうこう》に属する小動物である珊瑚は、海の荒波の一見打ち勝てそうもない力に昼夜の別なくさらされながらも、みんなして力を合わせ持ちこたえている。

これらの珊瑚礁は、かつて火山島のまわりを丸くふちどっていたものだった。その山が徐々に海中に沈降していくと、珊瑚もいっしょに沈んで死

英語 South Keeling Islands 別名 South Cocos Islands
13.1㎢ | 住民 544 人

12° 10′ S
96° 52′ E

15

オーストラリア　インド洋

南キーリング諸島

1000 1110 km → ジャワ島

1000 2000 2100 km → オーストラリア

960 km → クリスマス島（19）

1500 1600 1700 1800 1900 2000

1826～31 年　初の移住者アレクサンダー・ヘアとジョン・クルーニーズ＝ロスが抗争

1609 年　ウィリアム・キーリングにより発見（推定）

1978 年　オーストラリア政府がクルーニーズ＝ロス家から島を購入

んでいった。残されるのは石灰質の骨格ばかりだが、その死骸の土台の上に新しい世代の珊瑚が棲みつき、島の沈降にともなって上へ上へと土台を積みあげていった。崩れていく山の残留物が、その浅瀬に打ち寄せられた。風に吹き寄せられて、そこに砂が集まった。こうして、石灰からできた島がゆっくりと育っていった。珊瑚のたゆみない営みが造りあげた作品である。築き手そのものが、築かれた作品なのだ。だからあらゆる環礁は、海中に没した島の記念碑《モニュメント》である。自然の驚異というほかはない。ピラミッドよりも壮大なそれは、ちっぽけなか弱い動物の力のみで造営されたのである。

ビーグル号が礁湖《ラグーン》を離れるにあたり、ダーウィンはこう記した。「この島々を訪れてよかった。このような形成をとげたものは、世界の驚異のなかでも疑いなく最上級のものだろう」。後年、彼はつぎのような結論に至ることになる――「生命の樹は、生命の珊瑚と呼ぶべきかもしれない」、と。

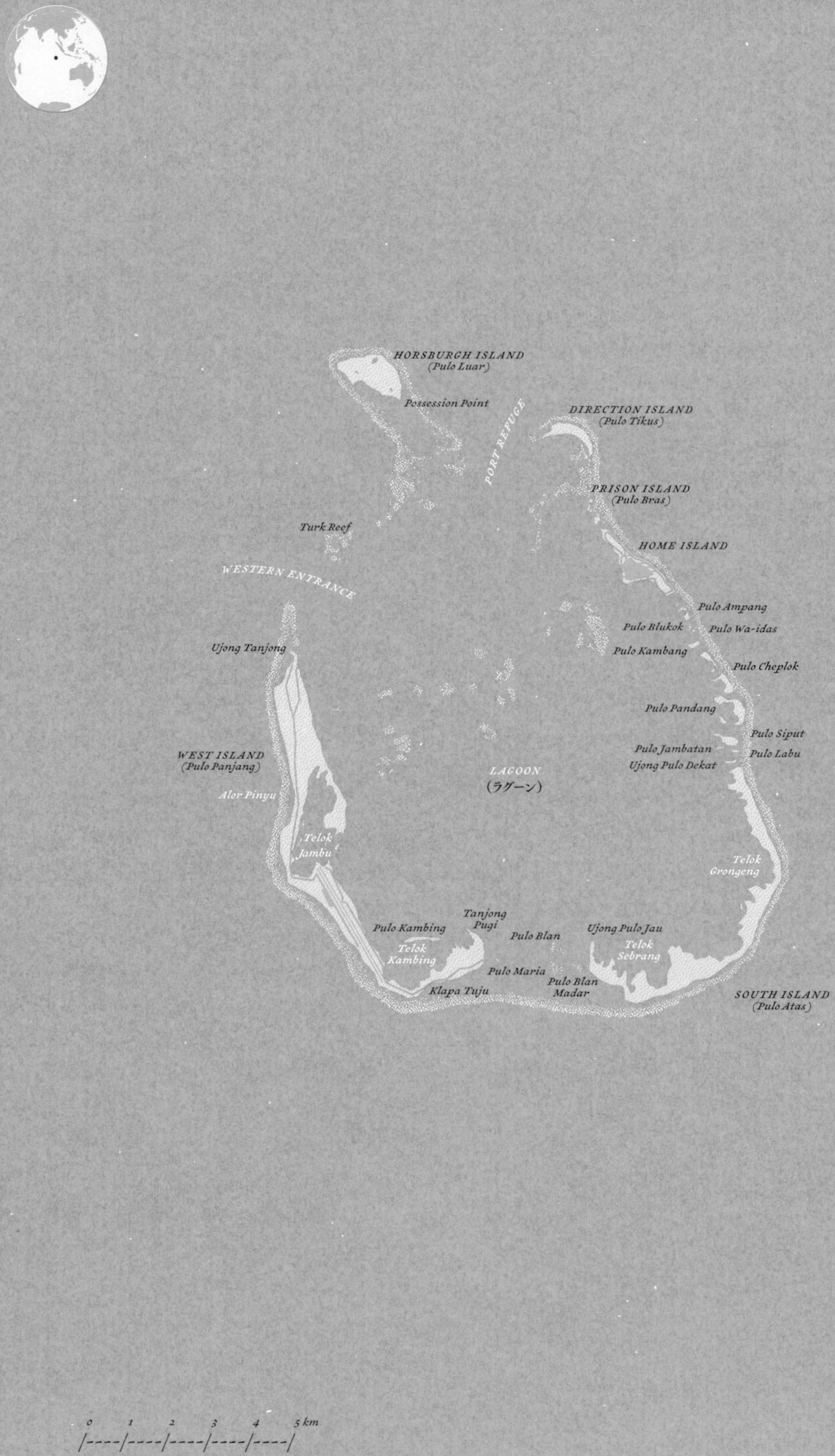
HORSBURGH ISLAND
(Pulo Luar)
Possession Point
PORT REFUGE
DIRECTION ISLAND
(Pulo Tikus)
PRISON ISLAND
(Pulo Bras)
HOME ISLAND
Turk Reef
WESTERN ENTRANCE
Ujong Tanjong
Pulo Ampang
Pulo Blukok
Pulo Wa-idas
Pulo Kambang
Pulo Cheplok
Pulo Pandang
Pulo Siput
Pulo Jambatan
Pulo Labu
Ujong Pulo Dekat
WEST ISLAND
(Pulo Panjang)
Alor Pinyu
LAGOON
（ラグーン）
Telok
Jambu
Telok
Grongeng
Tanjong
Pugi
Pulo Kambing
Pulo Blan
Ujong Pulo Jau
Telok
Kambing
Telok
Sebrang
Pulo Maria
Pulo Blan
Madar
Klapa Tuju
SOUTH ISLAND
(Pulo Atas)
0 1 2 3 4 5 km

フランス語 Île de la Possession［〈所有島〉］当初は Île de la Prise de Possession［〈占有島〉］
150㎢｜居住者 25〜50 人
46° 24′ S
51° 45′ E
16

フランス　インド洋

クローゼー諸島

ポセシオン島

2150 km → 南極大陸

2370 km → マダガスカル

3460 km → ブーヴェ島（10）

1964 年　観測基地開設

1772 年 1 月 24 日　マルク＝ジョゼフ・マリオン・デュフレーヌにより発見

1962年、初調査の使命をおびたフランス隊は、島の北限の山脈に、祖国の生みだした最高の空想科学小説家の名をあたえた。現在、ポセシオン島（所有島という意味）の急峻なこの高峰にならんで、月の裏側にあるクレーターが、ジュール・ヴェルヌの名を冠している——かるがると常識を飛びだすヴェルヌの旅なら、どちらも楽々と到達できる場所だ。未来を懐かしみ、過去を予言したこの作家は、来る時を、過ぎ去った時を、かなたの世界を、近い空間を、言葉で紡ぎだし、特製のマシーンで走り抜けた。その乗り心地はその語り口同様、抜群に心地よかった。

　ヴェルヌの小説は、万国博覧会を訪れるかわりになった。ありとあらゆる冒険の博物標本室であり、科学技術でぴかぴかに磨きあげられた、家庭ご用達の白昼夢、郷《くに》を一歩も出ることのない者のための世界地図だった。

　ヴェルヌの小説のヒーローは該博な知識を身につけ、またそれを披露しながら、世界の神秘に近づこうと生涯を旅に送る若者や独身の男たちだった。「私は道にしたがっているのではない。道が私にしたがっているのだ」と語る『気球旅行五週間』のサミュエル・ファーガソン博士、そして海をこよなく愛する『海底二万里』のネモ船長。月面旅行にしても、地底探検にしても、海底の旅にしても、途方もない好奇心ばかりか、安心への欲求も満たされた。

　ジュール・ヴェルヌ山脈の数キロ南を流れる川は、ステュクス川と名づけられた。ギリシャ神話の冥府の川である。冥府の川は失われた《ペルデュ》湖に発し、南極へとつづく海に注ぐ。

　僻遠で、不毛で、到達しがたい群島だ。ある人は、この海に散らばった玄武岩の巌に到るためには難破しか方法がない、とすら言った。たえまなく吹く西風が、アフリカからオーストラリアに向かって船を流し、この群島の険しい岩礁に打ちつけて座礁させる。

　だが、ジュール・ヴェルヌの神秘の島はこんなところにはない。ヴェルヌの島は、はるかかなた、穏やかなる海、太平洋のどこかにある。どうみたって、ポセシオン島は漂流記の舞台には不向きなのだ。

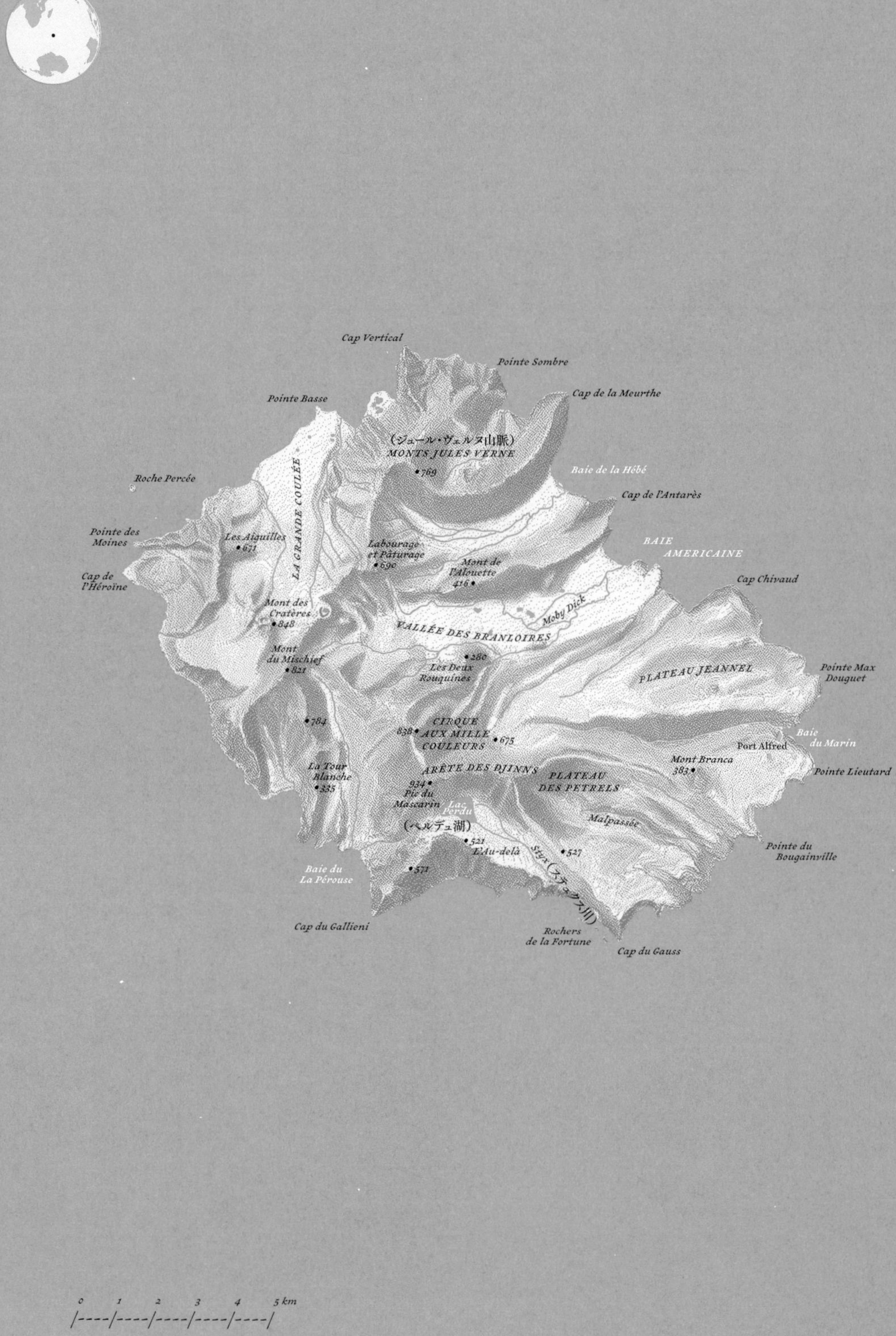

Cap Vertical
Pointe Sombre
Cap de la Meurthe
Pointe Basse
（ジュール・ヴェルヌ山脈）
MONTS JULES VERNE
769
Baie de la Hébé
Cap de l'Antarès
Roche Percée
LA GRANDE COULÉE
Pointe des Moines
Les Aiguilles
671
Labourage et Pâturage
690
BAIE AMERICAINE
Mont de l'Alouette
416
Cap de l'Héroïne
Cap Chivaud
Mont des Cratères
848
Moby Dick
VALLÉE DES BRANLOIRES
Mont du Mischief
821
280
Les Deux Rouquines
PLATEAU JEANNEL
Pointe Max Douguet
784
838
CIRQUE AUX MILLE COULEURS
675
Baie du Marin
Port Alfred
Mont Branca
383
Pointe Lieutard
La Tour Blanche
335
ARÊTE DES DJINNS
PLATEAU DES PETRELS
934
Pic du Mascarin
Lac Perdu
（ペルデュ湖）
Malpassée
521
L'Au-delà
Styx（スティクス川）
527
Pointe du Bougainville
Baie du La Pérouse
571
Cap du Gallieni
Rochers de la Fortune
Cap du Gauss
0 1 2 3 4 5 km

モーリシャスの首都ポート・ルイスのスラム街に、故郷の島、チャゴス諸島に帰る日を待ちわびている人々がいる。彼らが故郷を――つつましい楽園での生活を失ってから、すでに40年がたつ。彼らは存在を抹殺された人々だ。なぜならチャゴス諸島に住民がいたことを認めることは、彼らの身に起こったことが不正であり、植民地保有国による国家犯罪であり、輝く大洋における汚い商売だったことを認めることにほかならないから。

かつてイギリスは植民地モーリシャスの独立を承認するにあたって、300万ポンドの金と引き替えにモーリシャスからチャゴス諸島を分離し、島々を自国領に組み込んだ。ついでそれらを年額1ドルで、とりあえず50年のあいだ、その最大の友好国に貸しだした。アメリカにである。

こうして現在、インド洋のどまん中に、アメリカ軍の基地ができている。世界有数の秘密基地だ。だがその自己PR文を読むかぎりでは、島はまるで夢の旅行先のようである。

「赤道アフリカの東に位置し、バスで30分も走れば一周できるこのスペクタクルな地域は、心躍るバカンスの雰囲気を漂わせている。海はつねに温かい。トロピカルなウインドサーフィン、200キロ級カジキが狙えるフィッシング、あるいは色鮮やかな魚が無数に乱舞するさまを観光客気分で

17

Diego Garcia | 7° 18′ S
27㎢ | 居住者 4000 人 | 72° 24′ E

イギリス　インド洋

チャゴス諸島

ディエゴ・ガルシア島

780 km → モルディブ

1000　1780 km → インド

1000　2000　3020 km → 北センチネル島（21）

1500　1600　1700　1800　1900　2000

16 世紀前半　ポルトガル船により発見

1967〜73 年　チャゴス諸島民がモーリシャス島などへ強制移住させられる

2000 年以降　元島民が島への帰還権を求め係争中

楽しめるスノーケリング。基地にはクラブ、ゴルフ場のほか、体育館、ギャラリー、ショップ、図書館、郵便局、教会、2つの銀行を完備。われわれのスローガンはこれだ――1つの島、1つのチーム、1つのミッション」。強制退去させられ、島には出稼ぎ労働に来ていただけ、ということにされた500家族については、ひと言の言及もない。それどころかイギリスの外交官は口を揃えて、「この島々には住民はいなかった」と断言するのだ。

環礁は、2本の指を広げたような形をしている。曲がったVの字、インド洋に浮かぶ勝利のVサイン。しかし、誰にとっての勝利だというのか。チャゴス諸島民は苦闘のすえイギリスの市民権を取得し、法廷闘争に持ち込み、ついに帰還の権利を勝ち取った。だが、その権利はまたたくまに奪い取られた。こんどは英国女王が超法規の勅令――これも植民地時代の遺物である――に署名したのだ。チャゴス諸島民の故郷は、海軍と空軍の拠点であって、今後とも立ち入り禁止区域とする、と。その名を〈キャンプ・ジャスティス〉、正義の基地という。

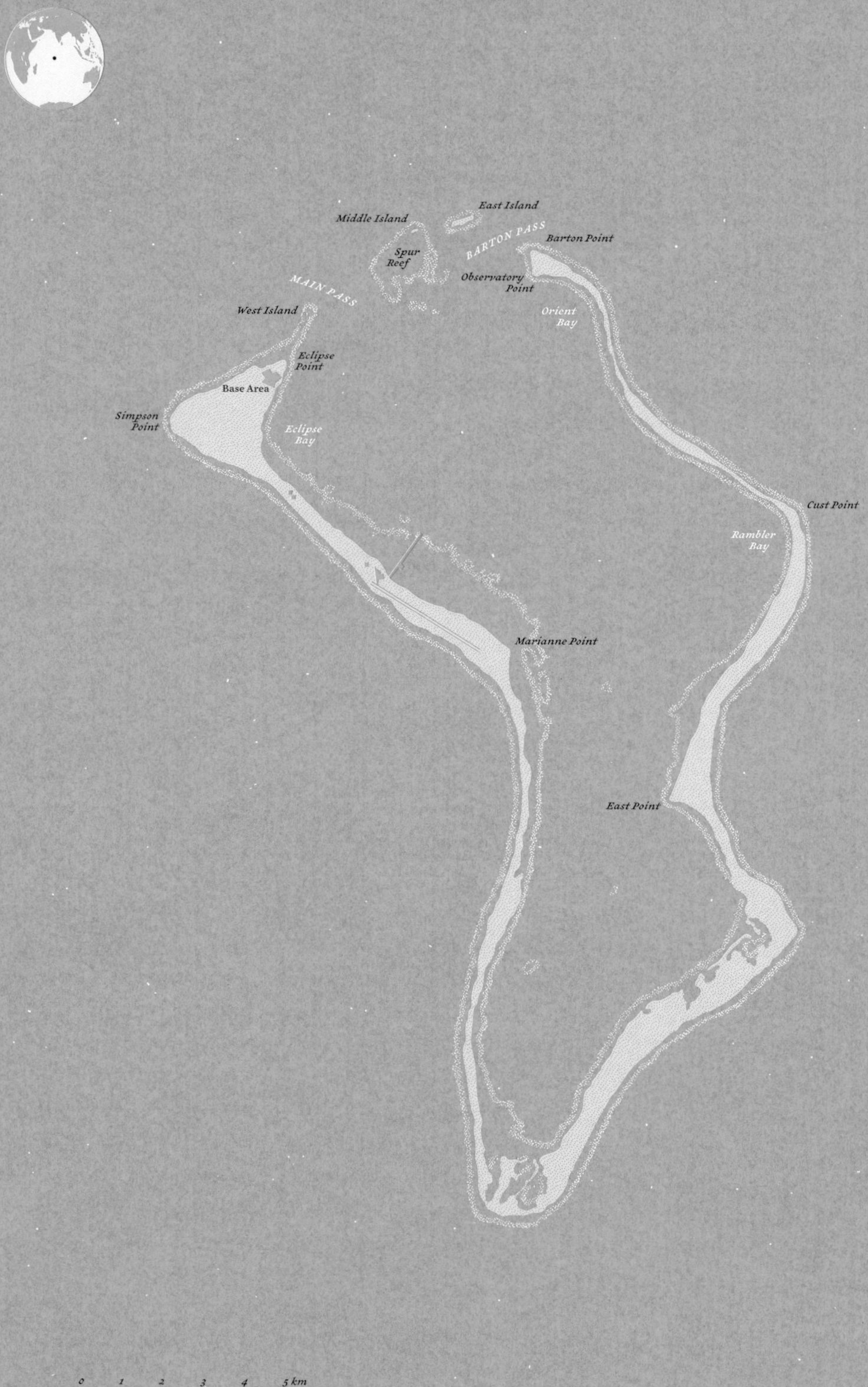
Middle Island
East Island
BARTON PASS
Barton Point
Spur
Reef
MAIN PASS
Observatory
Point
Orient
Bay
West Island
Eclipse
Point
Base Area
Simpson
Point
Eclipse
Bay
Cust Point
Rambler
Bay
Marianne Point
East Point
0
1
2
3
4
5 km

18

37° 50′ S
77° 33′ E

フランス語 Île Amsterdam 別名 Nouvelle-Amsterdam［〈新アムステルダム〉］
58㎢｜居住者 25～50 人

フランス　インド洋

アムステルダム島

4290 km →南アフリカ

3370 km →オーストラリア

90 km →サン・ポール島（14）

1522 年 3 月 18 日　フアン・セバスティアン・エルカーノが視認

1633 年 6 月　アントニー・ファン・ディーメンがその船ニュー・アムステルダム号にちなみ命名

1949 年　測候所が建設される

1997 年 12 月～98 年 2 月　アルフレット・ファン・クリーフが島に駐在

アルフレット・ファン・クリーフはなにがなんでもこの島に来たかった。生まれ故郷とおなじ名前を持つこの島、彼のいまの気持ちにぴったり合っているこの島に。渡航に要したのはわずか数週間、だがその許可を得るために苦闘した歳月は、8年におよんだ。

島に定住することはできないから、測候所はたえず人が入れ替わっている。数か月しか駐在しない者もいるが、大半の男はここで1年半を過ごす。

海辺では、オットセイのオスが吠えさかっている。数日後にやってくるはずのメスを獲得しようと、闘いをくりひろげているのだ。勝者が海辺のいちばんいい場所を独占する。

島にボートはない。あったって、それでどこへ行けばいいというのだろう。ここは、大洋のなかの迷い子のようなフランスの海外領土のひとつ、世界地図の広大な青海原にぽつんと記された×印だ。そんな印をつけた地図が、測候所のあちこちの部屋の壁に貼ってある。そのとなりにはアホウドリの写真が数枚、そして乳房をあらわにし、股ぐらをさらけだした女たちのポスターが数え切れないほど。

測候所の建物〈トウゾクカモメ〉の食堂で、夕食後、所長が彼に向かってこんな話をした。「あらゆるものから孤絶した、絶対の孤独なんてものはないよ。このアムステルダム島でも、われわれは巨大な営みのなかの小さなひとつの歯車だ。ここでも信号を受信している。それが、われわれが何者であるかということのしるしだよ」。所長はみずからを、夢想家、医者、職業軍人と呼んでいる——この順序でだ。所長の部屋だけは、壁にヌードのピンナップが貼られていない。机上には駐在員の個人情報を載せた名簿。空白の記入欄が証しているとおり、この島にはひとりの既婚者もおらず、子どもがいる者もいない。アムステルダム島での滞在期間が1年を超えると、フランス領南方地域の保健機関により、適応能力あり、というお墨付きがもらえる。長期にわたって自由を束縛され、周囲から隔絶し、男しかいない環境に適応できる、と。これまでこの島に女が2日を超えて滞在したことはない。

夜、男たちは〈トウゾクカモメ〉の小さなビデオ上映室に集まり、各自の管理になるポルノ映画から1本を選んで鑑賞する。どの男も自前のコレクションをひとそろい持っている。あえぎ、うめく声がスピーカーから響く。ファン・クリーフは外に出る。満天の星だ。空気はさかりのついたオスのオットセイが放つ、麝香のような重い匂いがする。眠りにつくまえに、こんなメモをした——「みずから選んだ孤独にまさる解放はない」。

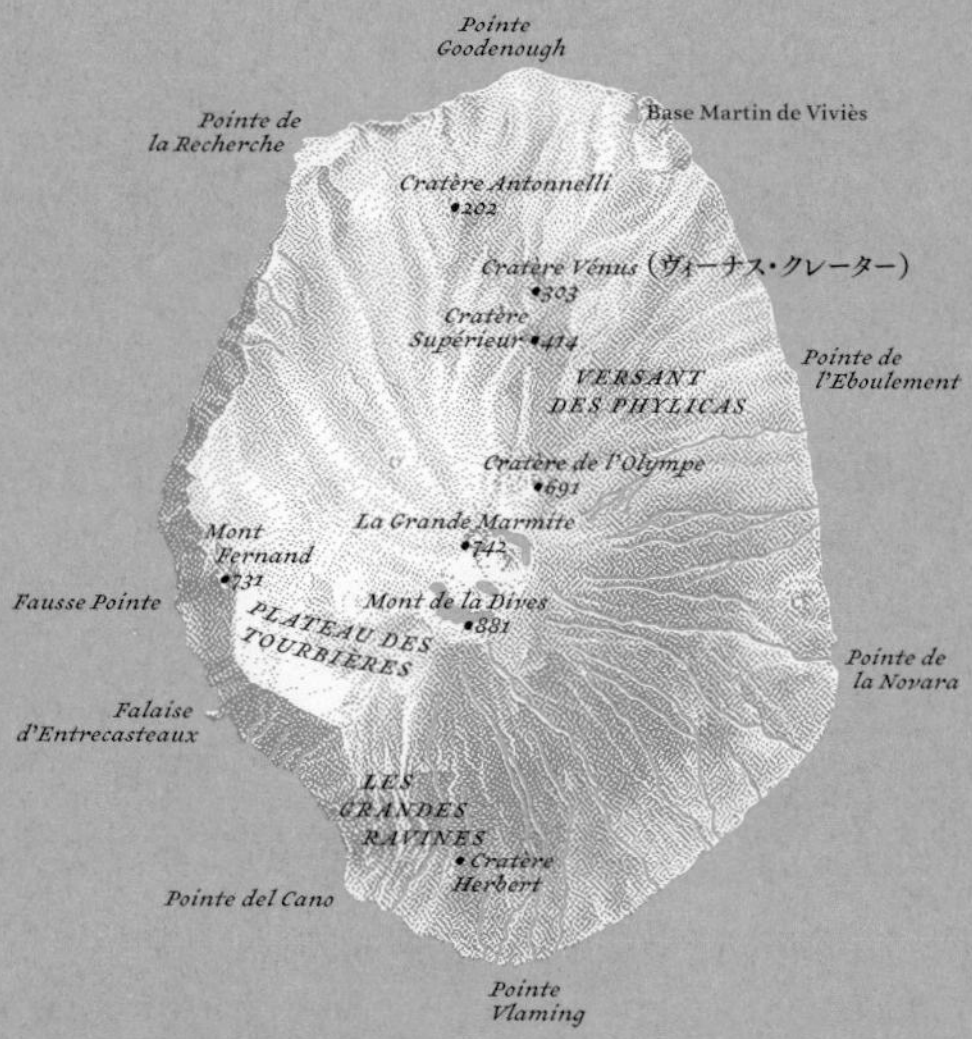
Pointe
Goodenough
Base Martin de Viviès
Pointe de
la Recherche
Cratère Antonnelli
•202
Cratère Vénus（ヴィーナス・クレーター）
•303
Cratère
Supérieur •414
VERSANT
DES PHYLICAS
Pointe de
l'Eboulement
Cratère de l'Olympe
•691
La Grande Marmite
•742
Mont
Fernand
•731
Fausse Pointe
Mont de la Dives
•881
PLATEAU DES
TOURBIÈRES
Pointe de
la Novara
Falaise
d'Entrecasteaux
LES
GRANDES
RAVINES
•Cratère
Herbert
Pointe del Cano
Pointe
Vlaming

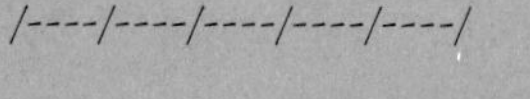
0 1 2 3 4 5 km

英語 Christmas Island | 10° 30′ S
135㎢ | 住民 1843 人 | 105° 38′ E
19

オーストラリア　インド洋

クリスマス島

350 km → ジャワ島

1000　2000　2590 km → パース

1000　2000　3000　4000　4120 km → アムステルダム島（18）

1500　1600　1700　1800　1900　2000…

1643 年 12 月 25 日　ウィリアム・マイノースにより発見

1989 年　アシナガキアリのスーパーコロニーを島内ではじめて発見

2008〜18 年　移住者収容所

雨期になると、雨に吸い寄せられるように巣穴から出てくる。毎年11月、生殖を目前にした1億2000万匹が、海辺に向かっていっせいに行進をはじめる。まっ赤なじゅうたんが島に広がる。無数の肢が、アスファルトを横切り、家の敷居を乗り越え、壁を登り岩を越えて、移動していく。火のように赤い甲羅、2本の強力なハサミ、8本の細い肢、この島に生息する固有種、クリスマスアカガニだ。横歩きをしながら海辺までやってきたクリスマスアカガニは、新月の直前、黒い卵を波間に放出する。

しかし、すべてのカニが目的の海にたどりつけるわけではない。天敵がいたるところに待ちかまえているからだ。どこからやってきたかはさだかでない。ともかくアシナガキアリ、英語でイエロー・クレージー・アントは、気づいたときには島にいた。島を訪れた人間が、いっしょに持ち込んできたわけだ。侵略者の体長はわずかに4ミリ。しかしその大軍勢は、破壊的な力を持つ。別々の巣をなす別々の集団が平和裡に共存できるよう、女王アリたちが相互にとんでもない協定をむすんでいるためだ。アシナガキアリは、複数の集団が一体化した巨大なコロニー、スーパーコロニーを形成するのである。生物界のいわばスーパーパワー、帝国をなしているわけだ。300匹の女王アリが、それぞれの配下に巨大な働きアリの軍団を持つ。くっきりと折れた長い肢、飴色の細身の胴、そして黒っぽい腹。

アシナガキアリは、木々のうろや地面の深い割れ目に巣をつくる。カイガラムシを飼っていて、そこから甘い蜜を吸って養分にする。恐るべき速度で移動し、数秒おきにコースを変更して変幻自在に動き、いつでも攻撃できる体勢をとっている。犠牲となるのは、カツオドリやグンカンドリのひな、そして海に向かって移動するクリスマスアカガニだ。アシナガキアリは、カニのまっ赤な甲羅に蟻酸《ぎさん》を吹きつける。カニはまず目が見えなくなる。やがて甲羅から輝きが失せ、3日後には命の灯が消える。クリスマス島は、戦場なのである。

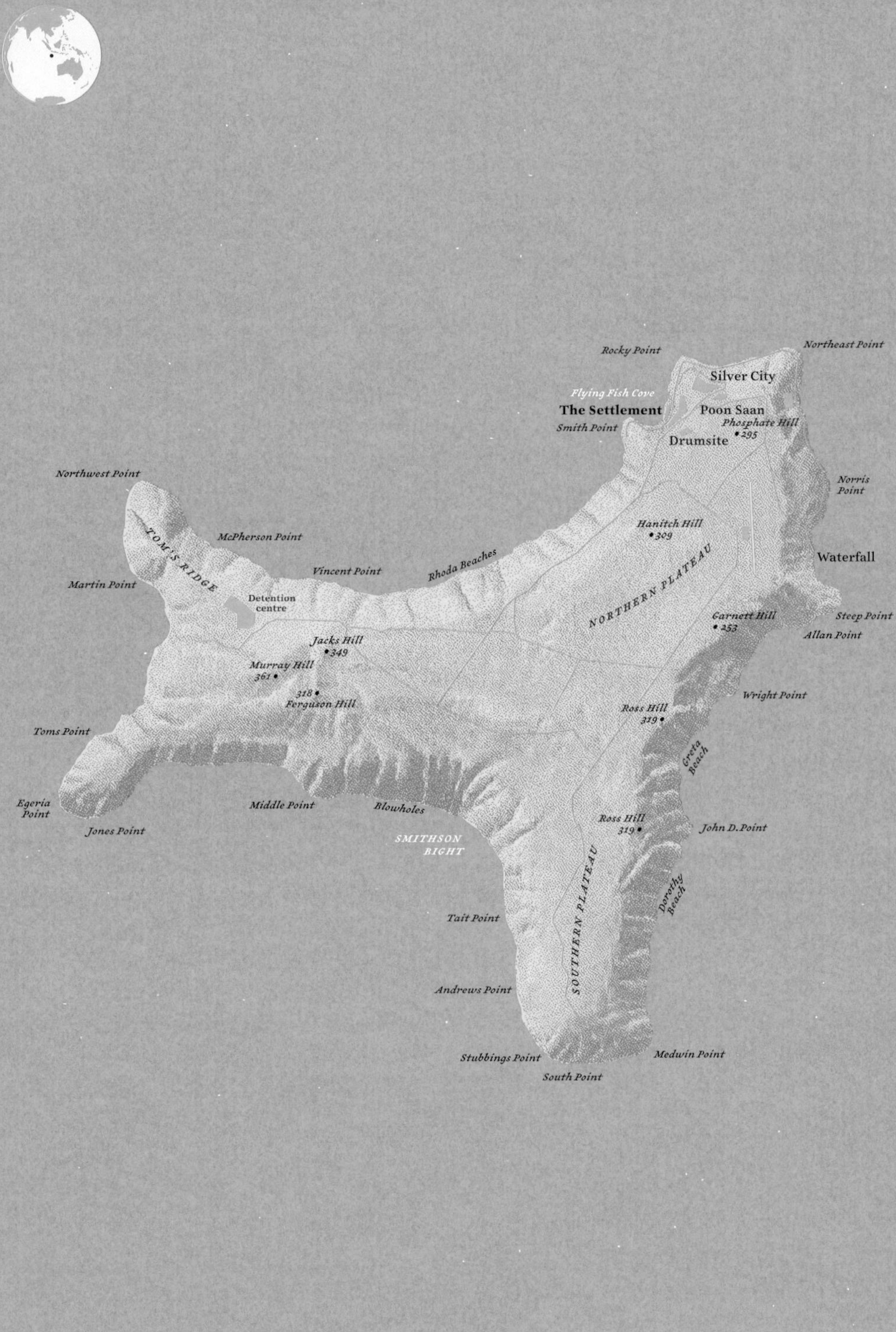
Rocky Point
Northeast Point
Silver City
Flying Fish Cove
The Settlement
Poon Saan
Phosphate Hill
295
Smith Point
Drumsite
Northwest Point
Norris Point
Hanitch Hill
309
McPherson Point
TOM'S RIDGE
Waterfall
Vincent Point
Rhoda Beaches
Martin Point
Detention centre
NORTHERN PLATEAU
Garnett Hill
253
Steep Point
Allan Point
Jacks Hill
349
Murray Hill
361
318
Ferguson Hill
Wright Point
Ross Hill
319
Toms Point
Greta Beach
Egeria Point
Middle Point
Blowholes
Jones Point
Ross Hill
319
John D. Point
SMITHSON BIGHT
Dorothy Beach
Tait Point
SOUTHERN PLATEAU
Andrews Point
Stubbings Point
Medwin Point
South Point
0 1 2 3 4 5 km

20

Tromlin | フランス語旧名 Île des Sables [〈砂の島〉] | 15° 53′ S 54° 31′ E
0.8㎢ | 居住者3人

フランス　インド洋

散在諸島

トロムラン島

430 km → マダガスカル
550 km → モーリシャス
650 km → アガレガ諸島(22)

1722年　ジャン＝マリー・ブリアン・ド・ラ・フイェにより発見
1500　1600　1700　1800　1900　2000
1761年7月31日　ユティル号座礁

1760年11月17日、東インド会社の商船ユティル号は、フランス南西部の町バイヨンヌを出帆し、マスカリーン諸島に向かった。船はマダガスカルで食糧を積み込むために停泊したが、そのさいジャン・ド・ラ・ファルグ船長は、総督令に反して、60人の奴隷を乗船させた。現在のモーリシャス、当時の呼び名でフランス島に着いたら、ほかの商品とおなじように売りさばくつもりだったのである。

ところがユティル号は、フランス島への途上で嵐に襲われ、航路をはずれてしまう。そして座礁し、小さな島の岩礁に乗り上げて大破した。島は、椰子の木がまばらに生えているだけの、長さ2キロ弱、幅800メートル弱、フランス語で〈砂の島〉と呼ばれる細長い小島だった。陸に上がって命をとりとめた者も、ほとんどが負傷し、手足を失った者もいて、人間というよりは、さながら亡霊のていだった。

生きのびた者たちは、船の残骸から一艘の船をつくりはじめた。難破から2か月後にそれは完成した。フランス人乗組員が、その船に乗って島を去った。総員122名、ぎゅうぎゅうに詰まり、助けを呼んでくると約束して出て行ったが、それっきり二度と戻ってこなかった。

奴隷たちが置き去りにされた。彼らは自由になった。が、それは、広さ1平方キロメートル弱の自由だった。むしろこんな牢獄は、どこにもなかった。かつての奴隷は、いまや、サバイバルの奴隷となったのである。彼らは火をおこした。井戸を掘った。鳥の羽根から着るものをつくった。海鳥や亀や甲殻類をつかまえた。自暴自棄になった何人かは、筏《いかだ》を組んで、どこをめざすともなく大洋を流されていった。なんでもよかったのだ——わずかの希望に命をつなぎ、猫の額ほどの砂地の島に囚《とら》われて生きることにくらべたら。残った者が火を守った。

15年たっても、火は燃えつづけていた。60人のかつての奴隷のうち、さいごまで生き残ったのは、女が7人のみ、それと男の赤ん坊1人だけだった。1776年11月29日、通りかかったコルベット艦ラ・ドフィヌ号の乗組員が発見し、船に乗せ、フランス島に移送した。

砂の島には、なにも遺されなかった。消えた火の炭と、そして彼らを救った人の名前のほかは——フランス海軍士官、コルベット艦の艦長は、名をシュヴァリエ・ド・トロムランといった。

Station météo
Barrière
des récifs
0 1 2 3 4 5 km

やがて正午になろうとしていた。ジョン・アレン・チャウは島の南西部の入江でカヤックを降り、黒いパンツを身につけただけの姿で、浜辺に向かって浅い海を歩いて渡りながら、福音を朗唱しはじめた。浜辺には、粗い粒の白砂の上に20人余りの人間が出てきていた。樹皮でこしらえた腰ひもを着けただけの全裸で、口々に叫び声を上げている。ジョンは、表紙に防水を施した聖書を毛深い自分の胸に押し当て、声を落として進みつづけた。両足から血が出ていた。先の海底地震によって隆起した死んだ珊瑚礁の残骸が、鋭い刃のように足を刺していた。救急箱はあったが、カヤックに残してきた。そして贈り物も――ハサミ、釣り針、小型のサッカーボール。ジョンはしっかりと準備を整えてきたのだった。恋のアバンチュールは一度もしたことがない。なぜなら、長い付き合いは〈彼ら〉としたかったから。20年でも30年でも、彼らの言葉と彼らの慣習に自分が慣れ親しむようになるまで、どれだけでも長く付き合うつもりだった。

2人の男が乗った丸木のカヌーが近づいてきて、男たちの頬に黄色い丸が描かれているのを目にしたとき、ジョンは子どもの頃、弟といっしょに顔にブラックベリーの汁をなすりつけ、弓矢を握って裏庭で遊び回ったことを思い出した。だがここは、故国アメリカのクラーク郡、コロンビア川のほとりではない。迷えるたましいが住まう島、神がひとりジョンのために残したもうた〈悪魔《サタン》の最後の砦〉なのだ。高校生のときからジョンはこの瞬間を脳裡に思い描いてきた。宣教師のキャンプでくり返しくり返し練習した。彼らのなかへいかにして歩み入り、イエスのことを語り聞かせるか、いかにしてそこに教区を作り、そしてついにはいかにして神の言葉をこの未知の言語に翻訳するか。

そのとき、甲高い声を上げて、少年がひとり波打ち際に走り寄ると、矢をつがえて放った。矢はしゅっと鳴って空を切り、ジョンがまだしっかと胸に抱えていた聖書に突き刺さった。ジョンは叫び声をあげ、聖書から矢を抜き取り、鏃《やじり》の金属を手に感じながら、少年を見た。まだ子どもだ。ジョンはよろめきながら深い方へ逃れた。

その夜、彼は友人に宛てて手紙を書く。「ひょっとしたら、僕は死ぬかもしれない――明日かも。兄弟よ、また会おう。そして想ってほしい――天におわす神こそが勝利するのだ、と」。

翌日の朝まだき、ジョンはふたたび入江に向かった。それが最期になった。

英語 North Sentinel｜オンゲ語 Chia daaKwokweyeh｜11° 33′ N 92° 14′ E　21
60㎢｜住民数 不明

インド　インド洋・ベンガル湾

アンダマン諸島

北センチネル島

1250 km → スリランカ

50 km → ポート・ブレア

2670 km → 南キーリング諸島（15）

紀元前24000年以降　定住民が存在

1771年7月31日　ジョン・リッチーにより視認

1879〜80年　モーリス・ヴィダル・ポートマンが住民の一部を連行

1967〜96年　インド政府が島民にくり返し接触を試みる

2018年　宣教師ジョン・アレン・チャウが死亡

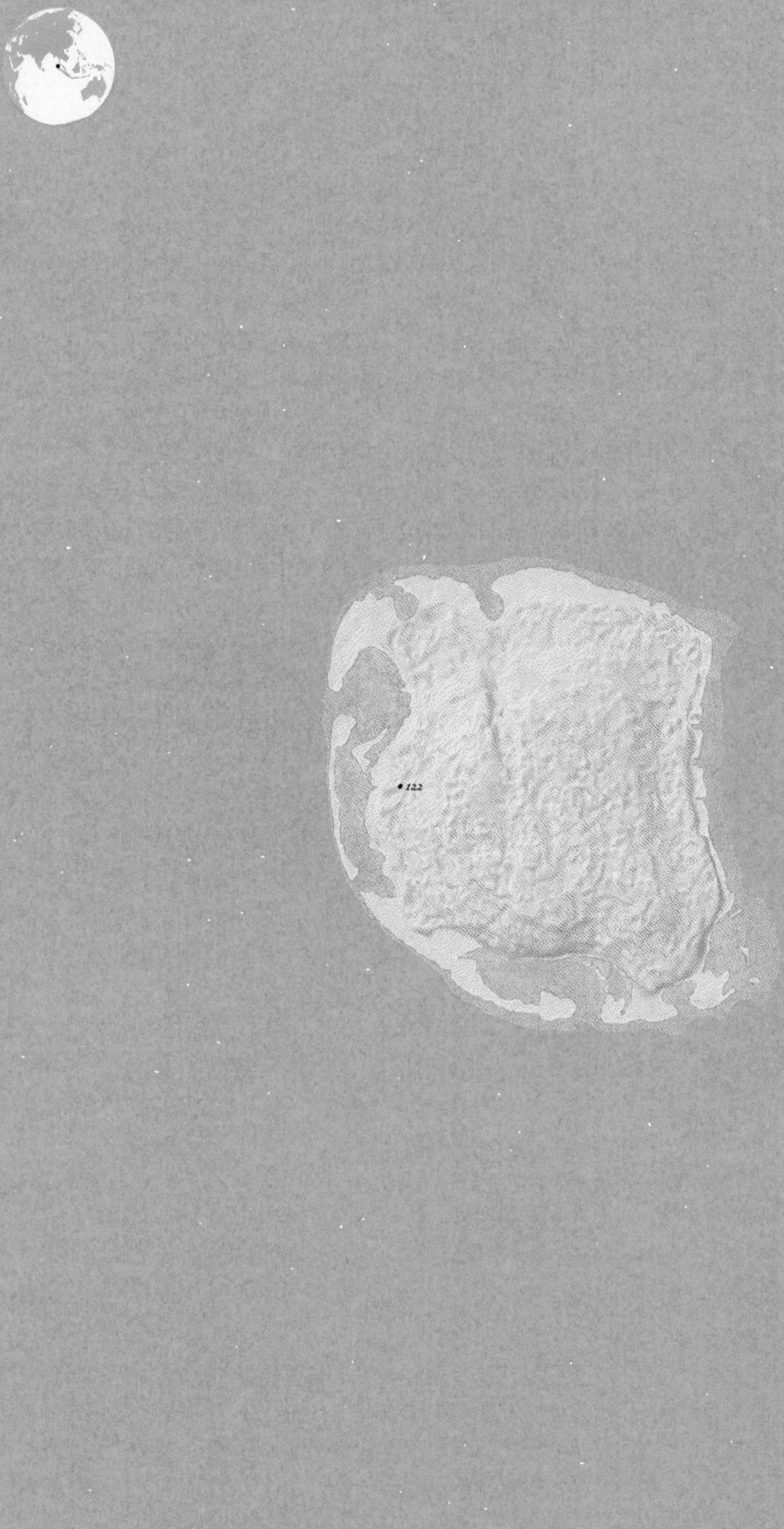
122
0 1 2 3 4 5 km

22

Agalega 旧名 Galega | 10° 25′ S
26㎢ | 住民 274人 | 56° 38′ E

モーリシャス　インド洋

アガレガ諸島

1080 km →モーリシャス

280 km →セーシェル

1770 km →ディエゴ・ガルシア島(17)

1827〜46年　奴隷労働にもとづくプランテーション・コロニー

1501年　ジョアン・ダ・ノーヴァにより発見の可能性

2015年　モーリシャスとインド、極秘協定を結ぶ

2019年8月初頭の早朝、礁湖《ラグーン》にかかった靄《もや》が消えかかる頃に、複数のドローンがアガレガ諸島上空に姿をあらわした。ドローンはサン・リタ、旧称キャンプ・ノワール（黒人宿舎）の家々のトタン屋根を下に見て、それから西に向きを変えると、椰子の森のなかにある2つの墓地——白人墓地と黒人墓地——まで飛び、そこで高度を落として墓地の上空にしばし留まった。まずは輸入玄武岩で造られた、自由な支配者のいまなお豪華な数々の墓碑の上に、つづいてかつての奴隷、のちに解放された労働者の珊瑚石で造られいまや風化したおびただしい数の墓碑の上に。砂地の下に埋まっている頭蓋骨の多くは、生前、重いココナッツの胚乳《コプラ》を詰めた籠を運びつづけたために頭蓋冠にひびが入っていたが、それはドローンの対物レンズでは捉えられなかった。

　ドローンはさらに飛行をつづけ、ココヤシのプランテーションと珊瑚礁に縁取られた海峡の上空を滑り、ヴァン・サンクに差しかかった。犬が何頭か、猛然と跳びだしてきてさかんに吠え、ドローンを追い払おうとする。この場所こそ、かつて反抗的とされた奴隷たちがブロックに縛りつけられ、25回の鞭打ち刑を背中に受けたところだった。ヴァン・サンク、フランス語で25を意味するその地名が、いまも過去の歴史を物語っている。ドローンはマングローブに覆われた、いまは廃墟と化した牢獄跡を過ぎる。肉体の懲罰に代わる場所がこの牢獄だった。つづいてモーリシャスの国旗が垂れ下がった〈離島開発協会〉の管理棟のそばを過ぎる。誰がこの島に上陸してよいか、ここで生活してよいかを厳格に管理しているのがこの役所だ。そしてほどなく、開墾まもない巨大な建設現場が姿をあらわす。着陸滑走路ができるのだ。長さ3キロ、軍用機が着陸するのには充分である。パワーショベル、ブルドーザー、コンクリートミキサー車、トン単位の大量の建築資材が、排水の悪い、油の浮いた水たまりの前に置かれている。

　そこから遠くないところ、ラ・フルシュの村では、アガレガ島民のステリオ・アンリが長いサイレンの音に起こされたところだ。ベランダに出て眺めると、インド人出稼ぎ労働者のための完成ほどない宿舎の上方で、ドローンの群れがみるみる空高く上昇し、海上へと遠ざかっていくのが見えた。この数日の荒れ方からすると、海は奇妙なほどに穏やかだった。

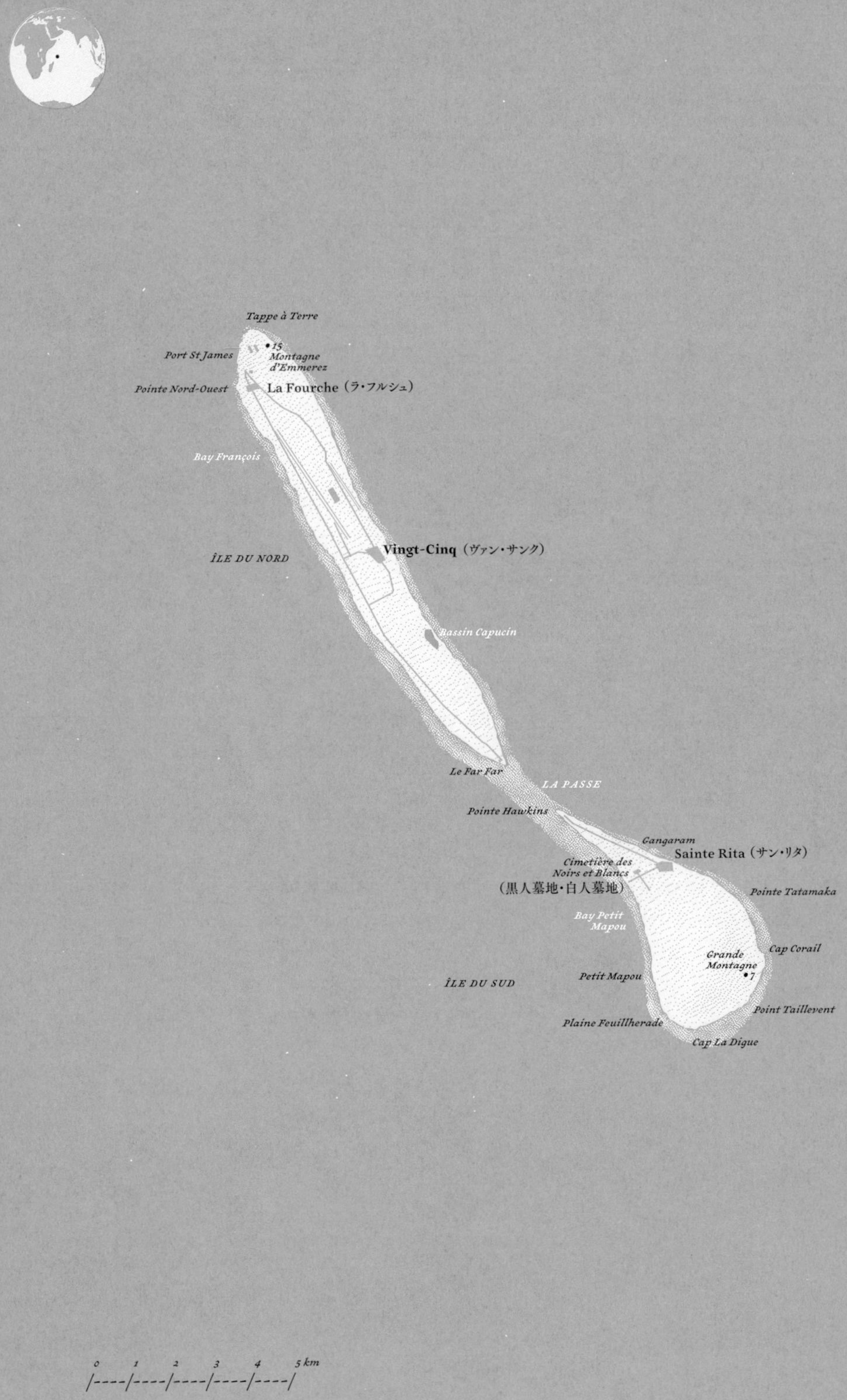
Tappe à Terre
Port St James
15
Montagne d'Emmerez
Pointe Nord-Ouest
La Fourche（ラ・フルシュ）
Bay François
ÎLE DU NORD
Vingt-Cinq（ヴァン・サンク）
Bassin Capucin
Le Far Far
LA PASSE
Pointe Hawkins
Gangaram
Sainte Rita（サン・リタ）
Cimetière des Noirs et Blancs
（黒人墓地・白人墓地）
Pointe Tatamaka
Bay Petit Mapou
Cap Corail
Grande Montagne
7
Petit Mapou
ÎLE DU SUD
Point Taillevent
Plaine Feuillherade
Cap La Digue
0 1 2 3 4 5 km

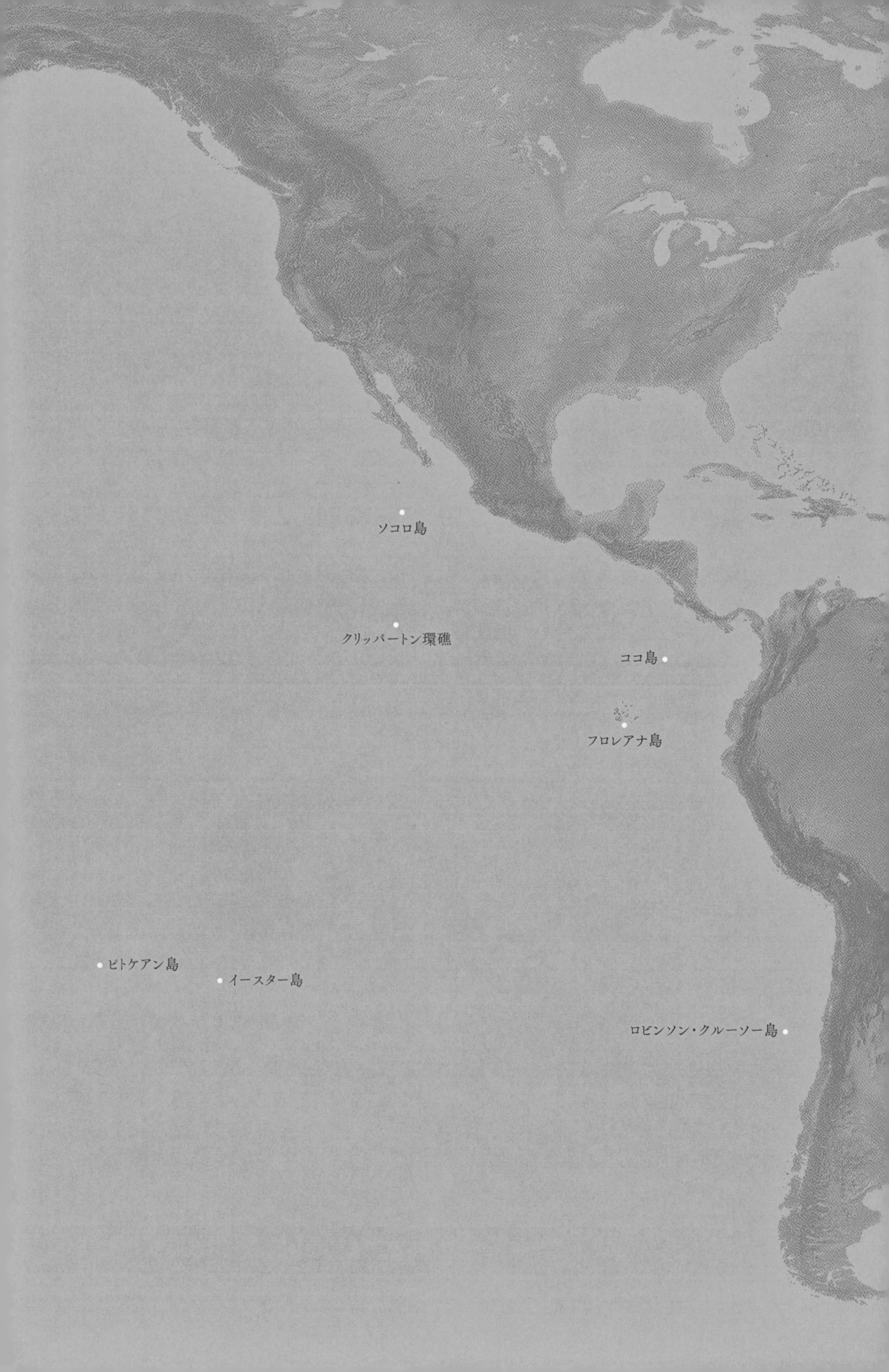
ソコロ島
クリッパートン環礁
ココ島
フロレアナ島
ピトケアン島
イースター島
ロビンソン・クルーソー島

太平洋
PAZIFISCHER OZEAN
セント・ジョージ島
セミソポクノイ島
アトラーソフ島
ミッドウェー島
硫黄島
パガン島
タオンギ環礁
ピンゲラプ環礁
ハウランド島
バナバ島
タウー島
ヌクラエラエ環礁
プカプカ島
ティコピア島
ナプカ島
ファンガタウファ環礁
ラパ・イティ島
ノーフォーク島
ラウール島
対蹠島
キャンベル島
マッコーリー島

23
14° 10′ S
141° 14′ W

Napuka 別名 Pukaroa 旧名 Wytoohee
8㎢｜住民 234 人

フランス領ポリネシア　太平洋

幻滅諸島（デザポアントマン諸島）

ナプカ島

20 km
→ 北テポト島

1000 2000 3000
3990 km
→ ハワイ

920 km
→ ファンガタウファ環礁（28）

1521 年 1 月末　フェルディナンド・マゼランにより発見（推定）

1500 1600 1700 1800 1900 2000

1977 年　空港開港

1520年11月28日に広大な海洋にいたり、針路を北西にとったとき、フェルディナンド・マゼラン提督は、あと1か月もすれば香料諸島〔現在のモルッカ諸島〕に着く、と宣言した。しかしいくらもしないうちに、それを信じる者はいなくなった。何週間たっても、島影ひとつ見えなかったのである。大海原はきわめて穏やかで、マゼランはこの海を平穏の海《マーレ・パシフィクム》、〈太平洋〉と名づけた。あたかも永遠の世界への扉がひらかれて、船がそのただなかへと航行していくかのようだった。

やがて、羅針盤の針が北を指せなくなり、乗組員に食糧がいきわたらなくなった。積んでいた堅パンはネズミがかじり、ウジがたかって糞まじりの粉々の滓《かす》と化し、飲み水はどろりとした黄色い汁になった。乗組員は、飢え死にをするまいとおが屑を食べ、ロープの保護のために帆桁《ほげた》に巻きつけてあった革を食べた。石のように固い革も、4日から5日海水につけておくと柔らかくなる。それを炭火であぶって、むりやり喉に押し込んだ。

ネズミが見つかると、目の色を変えて捕り物がはじまった。やせ細った1匹のネズミに、どうかすると半ダカット金貨の高値がついた。我慢しきれず、競り落としたネズミを生のまま呑みこんだ者もいた。仕留めたネズミ1匹をめぐって2人の水夫がはげしくやりあい、ひとりがもうひとりを斧で叩き殺したこともあった。殺人をおかした者は四つ裂きの刑に処されることになっていたが、刑を執行できる力を残した者がもはやおらず、やむなく縛り首にして、甲板から海に投げ捨てた。

死人が出ると、マゼランはすぐさま骸《むくろ》を帆布に包んで口を縫い、海に捨てさせた。でなければ部下が人食いになってしまう。事実、歯茎から血の出る病や飢餓で死人が出るたびに、生きている者はぎらぎらした目を死体に注いでいた。

50日後、ついに陸が見えた。ところが錨を降ろせる場所がなく、ボートを出して上陸してみたところ、島には空腹を満たすものはおろか、喉の渇きをいやすものすら見つからなかった。マゼランたちは群島を〈悲運諸島〉と名づけ、航海をつづけた。200年後、ジョン・バイロンが〈幻滅諸島〉と呼ぶことになる島々である。

航海日誌を書いたアントニオ・ピガフェッタの記録——「このような旅が計画されることは、もう二度とないであろう、それはたしかである」。

Titika
Onamu
Kavake
Rangihoa
Oire
KOKO
Tupiti
O Homo
Manga
Manga
Karena
Maihiva
Araveke
Kurima
Onimo
Mirinuku
Ongare
Ngake
0 1 2 3 4 5 km

24
27° 36′ S
144° 20′ W

ラパ語 Rapa Iti たんに Rapa とも｜英語旧名 Oparo Island
40.5㎢｜住民 507 人

フランス領ポリネシア　太平洋

オーストラル諸島

ラパ・イティ島

1180 km → タヒチ島

3620 km → ニュージーランド

1440 km → ピトケアン島（39）

1791 年　ジョージ・ヴァンクーヴァーにより視認

1998 年 5 月 26 日　マルク・リブラン、50 歳でラパ・イティ島にて死去

フランス、ヴォージュ山脈の裾野にある小さな町で、6歳になる男の子がしきりと夢を見るようになった。まったく知らない言語を誰かからおそわっている、という夢だった。やがてこの男の子、マルク・リブランは、その言語がどこの言語なのか、そもそもそんな言語があるのかどうかも知らないまま、夢のなかばかりか、現実にもすらすらと話せるようになった。

　リブランは孤独な子どもだったが、たいへん利発で、知識欲が旺盛だった。若いころはパンよりも書物を身の糧とした。33歳になったときには、この社会に背を向けて、ブルターニュ地方で暮らしていた。そのリブランに、同地レンヌ大学の研究者が目をつけた。リブランが夢で学んだ言語を解読し、翻訳しようというのである。研究者たちは2年間にわたって、一風変わった発音を巨大なコンピュータに入力しつづけた。しかし成果は出なかった。

　そのうち誰かが、港の酒場をまわって、どこかでこんな言葉を耳にしたことがないか、休暇で陸《おか》に上がっている水夫に聞いてみたらどうか、と思いついた。そこでマルク・リブランは、レンヌの酒場で、チュニジアから来た一団を前にひとり語りをした。すると、カウンターのなかにいた男が話に割り込み、自分はむかし海軍にいたんだが、その言葉にはたしかに聞きおぼえがある、ポリネシアの孤島のなかでも、いちばんへんぴな島の言葉じゃないか、と言った。そして、まったくおなじようにしゃべる中年の女をひとり知っている、軍人の女房になってフランスへ来たんだが、離婚して、いまは郊外の福祉住宅に住んでいる、と語った。

　ポリネシア出身のその女と会ったことが、リブランの人生を変えた。メレトゥイニ・マケが住まいの扉を開け、リブランが例の言葉で挨拶すると、女はそくざに挨拶を返した。彼女の生まれ故郷のラパ語で。

　ヨーロッパから一度も出たことのなかったマルク・リブランは、彼の言葉を理解してくれるただひとりの女性と結婚し、彼女とともに１９８３年、彼の言葉が話されている島に移り住んだのだった。

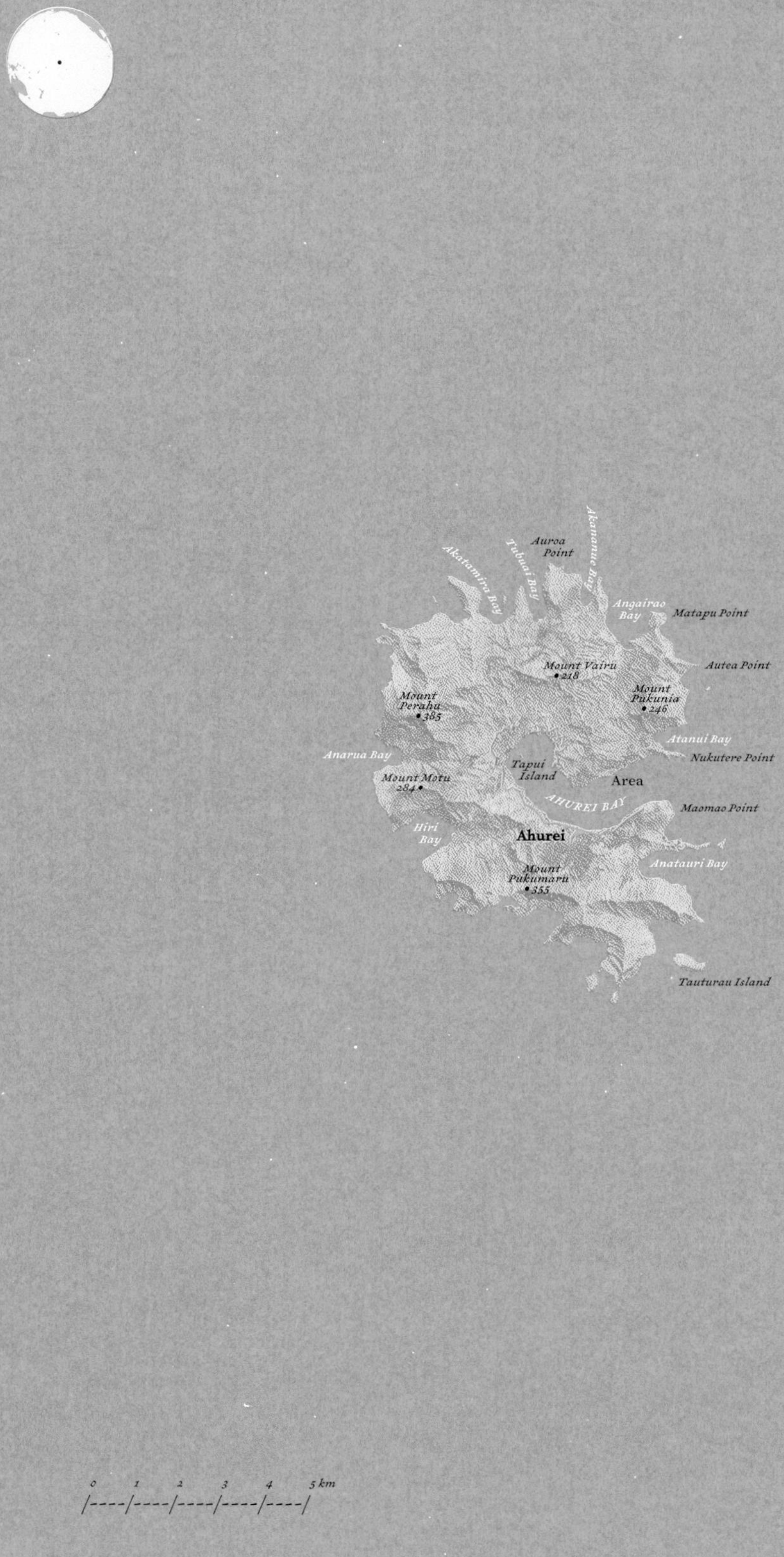
Akatamira Bay
Tubuai Bay
Auroa Point
Akananue Bay
Angairao Bay
Matapu Point
Mount Vairu
218
Autea Point
Mount Perahu
385
Mount Pukunia
246
Atanui Bay
Anarua Bay
Nukutere Point
Tapui Island
Area
Mount Motu
284
AHUREI BAY
Maomao Point
Hiri Bay
Ahurei
Anatauri Bay
Mount Pukumaru
355
Tauturau Island
0 1 2 3 4 5 km

ロビンソンの日記はベルリンにある、「プロイセン文化財団ベルリン州立図書館の、どこかの忘れられた棚に」――と主張したのは、スコットランド国立博物館の考古学者デヴィッド・コールドウェル博士だった。むろん、ロビンソン・クルーソーのモデルになった人物の日記は、という意味である。いままで行方不明とされてきた。

図書館という船の中ではみんな忙しい。10年来のおなじ顔ぶれが、最上階のデッキ、人の高さほどの地球儀のあるテラスの下、百科事典の陰に通ってくる。それぞれの机がひとつの島だ。誰もが調べ物をしている。はかどればまるまる1頁書けるが、はかどらなければ1行の半分も書けない。

コールドウェル博士はその前、1か月にわたって問題の島を実地調査した。発見できたのは、角ばって先が尖った、長さ1・6センチメートルの青銅のかけらのみ。だが、博士は確信していた。それこそが無人島で生活した実在の人物、アレクサンダー・セルカークが所持していた割りコンパス《ディバイダー》の一部、彼の航海用具である、と。また博士によれば、海賊セルカークが孤独のうちにつけていた日記は、かつてハミルトン公爵のコレクションに収蔵されていたが、のちに子孫が競売にかけて、新生ドイツ帝国の手にわたった。だからベルリンの図書館にあるだろう、というわけだ。英語で書

スペイン語 Isla Robinson Crusoe 旧名 Isla Más a Tierra［〈陸に近い方の島〉］
47.9㎢｜住民926人

33° 39′ S
78° 50′ W

25

チリ 太平洋

フアン・フェルナンデス諸島

ロビンソン・クルーソー島

165 km → アレハンドロ・セルカーク島

630 km → チリ本土

1000 2000 3000 3770 km → フロレアナ島（34）

1704～09年　ひとり置き去りにされた船乗りアレクサンダー・セルカークが島で生活

1500 1600 1700 1800 1900 2000

2010年　津波により16人が犠牲となる

かれた初の長編小説のモデルとなったはずの、伝説の日記が。

小説は本人自筆の手記というふれこみで、虚実がないまぜになっていた。セルカークは、クルーソーになった――スコットランドの靴屋の息子が、ヨーク出身で、父親の助言をきかずに船旅に出た商人の息子に。4年4か月の無人島生活は、人生の半分、28年になった。海賊が、プランテーションの経営者になった――どこか遠い場所へ旅立ちたいという止みがたい欲望にのべつおそわれ、そしてその欲望がかなえられたとたん、故郷への帰還をまた切々と願う人物に。

図書館の書庫では、ときどき得体のしれない音がする。日が傾き、人がまばらになると、表側に面した巨大なガラス窓のブラインドの羽根が踊るようにくるりと一回転して、眺望を細かく分け、ちらちらした光と影を空っぽになった席の上に投げかける。手書き文書の部門で、蔵書の精査がおこなわれた。2009年2月4日、広報担当者は次のような声明を出した。「本図書館では、このほど問題の目録をすべて検索しましたが、当該の書物は見つかりませんでした。セルカークの日記は、本図書館には存在しません、これはほぼ確実と思われます」。考古学者より、作家のほうがやっぱり楽な商売らしい。

Punta Norte
Punta Suroeste
Islote Juanango
Cerro Alto 600
Punta Salinas
Puerto Inglés
Cerro Agudo 685
Cerro Portezuelo 720
Punta San Carlos
San Juan Bautista
Bahía Cumberland
Punta Pescadores
BAHÍA TRES PUNTAS
Cerro Tres Puntas 482
Punta Lemos
CORDÓN ESCARPADO
Bahía Villagra
Cerro El Yunque 915
Cerro Damajuana 635
Cerro La Piña 604
Puerto Francés
Punta Tunquillax
Bahía Chupones
Bahía Tierra Blanca
Islote Vinilla
Punta Hueca
Playa Larga
Punta Meredaxia
Bahía Padre
Punta Truneos
Punta Isla
Punta O'Higgins
Islote El Verdugo
Punta Hueso Ballena
ISLA SANTA CLARA
Punta Freddy
0 1 2 3 4 5 km

女性として、世界初の大西洋単独横断飛行をなしとげた。ニューファンドランド島から北アイルランドまで14時間と56分で飛び、リンドバーグについで、大西洋を飛んだ2人目の人となった。ロサンゼルスからニューアーク、メキシコシティからニューアーク、ホノルルからオークランドへ、単独初飛行をおこなった——アメリア・イアハートである。飛行のパイオニアとして、あらたな記録を樹立する飛行機雲をつぎつぎと大空に描いた。なかでも偉業であったのは、最高到達高度の記録だった。女性初の、という形容はくり返しついた。しかし彼女は、かつていかなる人間も達成しなかったことをなしとげようとしていた。地球をそのもっとも長い距離において一周すること、つまり赤道上世界一周である。「危険はじゅうぶん承知しています。私はやりたい。だから私はやるのです」。

　赤道一周2万9000マイルの旅に出発する直前、最後の写真は、愛機ロッキード10-Eエレクトラ——銀色、流線型の双発プロペラ機——を背景にした、不釣り合いな男女《ペア》を写しだしている。両手をむぞうさに腰にあてたアメリア・イアハート。飛行服のジッパーは大らかに開いていて、ウェーブのかかった頭を横にかしげ、唇には不敵な笑みをうかべている。すらりとして背が高い。そのとなりにナビゲータのフレッド・ヌーナンが、恥ずかしげな、きまじめな少女のようにして立っている。

英語 Howland Island ｜ 2.6㎢ ｜ 無人
0° 48′ N 176° 37′ W
26

アメリカ合衆国　太平洋

フェニックス諸島

ハウランド島

1640 km → サモア

3030 km → ハワイ島

1750 km → プカプカ島（32）

1828年12月1日　ダニエル・マッケンジーにより発見

2009年　自然保護区となる

　1937年7月2日朝、ソロモン海のはずれ、ニューギニア島ラエの草むした滑走路から発進。20飛行時間は保《も》つ燃料をタンクいっぱいに積載した、重い飛行機だった。彼らは全世界をあとにしていた。すでに2万2000マイルを飛び、あとは地球の半分以上を占める黙《もだ》した大洋のなかの、最後の区画を残すのみ。

　2556マイルの距離にあるハウランド島の沖合には、アメリカ沿岸警備隊の小艇《カッター》イタスカ号が、あらたな燃料と洗い立てのシーツを敷いた床を用意して待機していた。環礁の島はちっぽけで、ひとひらの雲でも姿が隠れてしまう。7時42分、イアハートの声が無線から聞こえた——「あなたたちの上空にいるはずなのだけど、あなたたちが見えない。燃料が尽きかけている」。1時間後、もういちど通信があった。「157-337の線上を飛行中。南北線沿いだ」。イタスカ号では総員が双眼鏡で水平線のあたりをさぐり、信号を送りつづけたが、空からの応答はもはやなかった。アメリア・イアハートは、日付がきのうに変わる変更線を少し越えたところで、永遠に消息を絶った。大海原は黙していた。

Earhart
Light
（イアハート・ライト）
0 1 2 3 4 5 km

27

マッコーリー島

オーストラリア　太平洋

英語 Macquarie Island
128㎢ | 居住者 20 〜 40 人
54° 38′ N
158° 52′ E

地形の険しい、年がら年中雨が降りつづくこの島は、じつは陸の一部であったことは一度もなく、海底からじかに姿をあらわした島である——マントルの一部が海底から隆起して、たまたま海面よりも高くなったのだ。海に沈んでいる背中から、背骨が海上に突きだしたぐあい。南極大陸まであと半分、というこの海域は、北から来る温かい海水と南からの冷たい海水が出会うところで、海はつねに荒れ狂い、上陸にはきまって危険がともなう。

1840年1月、ピーコック号も、さんざん苦しんだすえ、なんとか船を失わずに島にたどりついた。上陸した乗組員は島の険しい自然をくまなく調査し、乏しい植生から標本を採集した。調査隊を率いたチャールズ・ウィルクス大尉は、「マッコーリー島には訪れたいと思わせるような魅力はまったくない」という結論にたっした。

海軍士官候補生だったヘンリー・エルドだけが、ひとりで島の南端のハード鼻まで歩いていって、そこで見たものに圧倒された。湾という湾、浜という浜に、座礁した船の破片が散らばり、まばらな草むらのなかで腐りかけ、あるいは島に生息する何百万羽というペンギンの群れのなかで骸骨さながら残骸をさらしている。無人島には鳥類が大繁殖していると噂には聞いていたものの、これほど大規模だとは予想もしていなかった。屈曲した丘の麓《ふもと》のすみずみまで、文字どおりびっしりとペンギンが埋め尽くしている。ギャーギャー、キィキィ、ガーガーといまだかつて聞いたことのないおぞましい叫喚がして、およそ鳥がこんな耳をつんざく声をたてることができようとは、エルドは夢にも思ったことがなかった。

ペンギンは四方八方からエルドをつつき、ズボンにかみつき、猛烈な勢いで肉をついばみにかかるので、彼はじりじりと後退して、逃げ場を失った。青白い腹、うすぐろい顔、突き出たくちばしが、侵入者を取り囲む。近寄ってくる数がどんどん多くなる。ピンと背筋を伸ばし、恐れも動じもせず、厳格な校長のようないかめしい足取りで——やがてヘンリー・エルドの姿は、一面の白と黒にすっかり呑みこまれたのだった。

1070 km → ニュージーランド
1000
1510 km → 南極大陸
700 km → キャンベル島（36）

1500　1600　1700　1800　1900　2000

1948 年 5 月 25 日　観測基地開設
1810 年 7 月 11 日　フレデリック・ハッセルボロウにより発見
2011〜14 年　繁殖したウサギの根絶計画

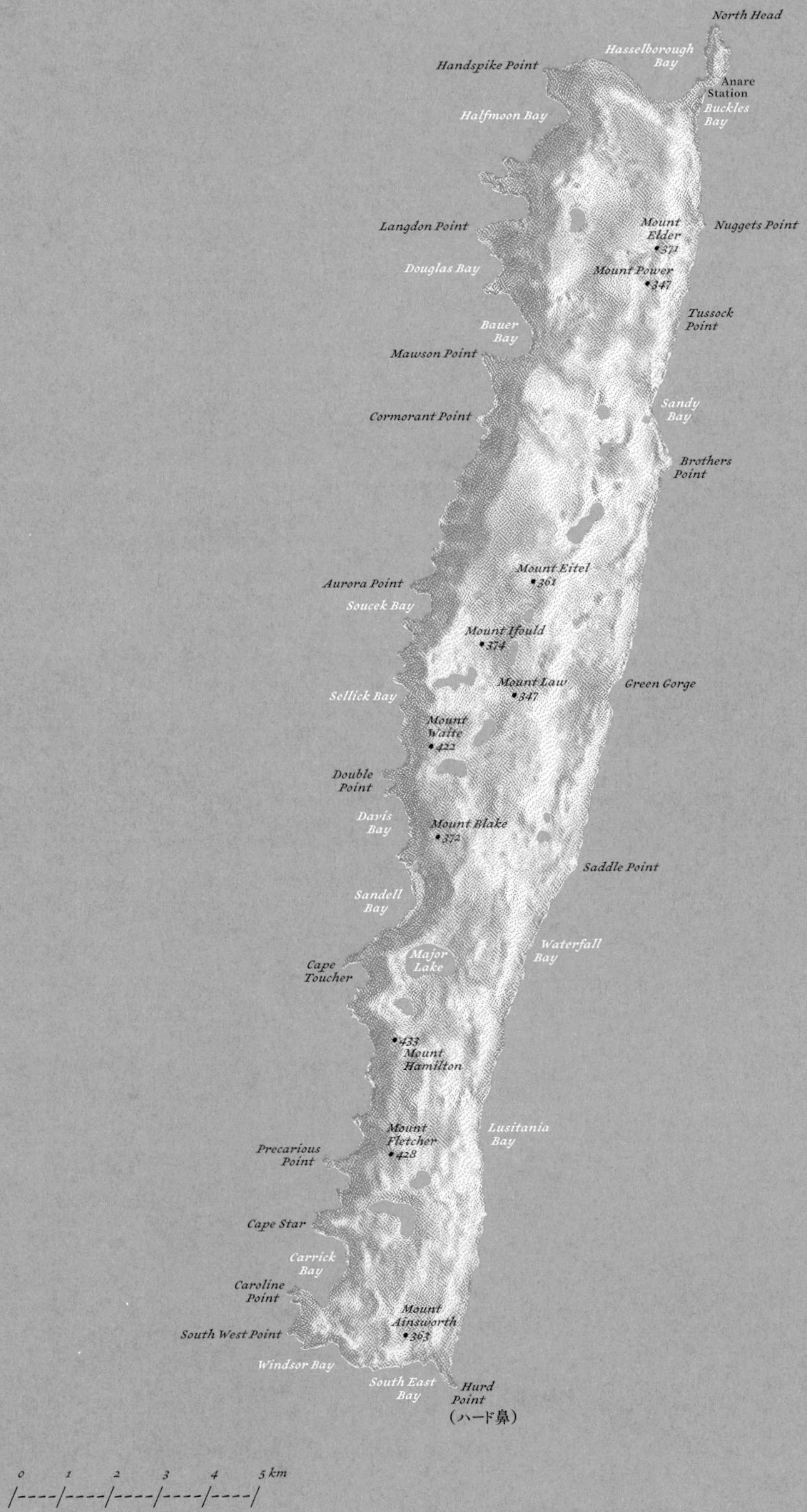
North Head
Hasselborough Bay
Handspike Point
Anare Station
Buckles Bay
Halfmoon Bay
Langdon Point
Mount Elder
371
Nuggets Point
Douglas Bay
Mount Power
347
Tussock Point
Bauer Bay
Mawson Point
Sandy Bay
Cormorant Point
Brothers Point
Mount Eitel
361
Aurora Point
Soucek Bay
Mount Ifould
374
Mount Law
347
Green Gorge
Sellick Bay
Mount Waite
422
Double Point
Davis Bay
Mount Blake
372
Saddle Point
Sandell Bay
Waterfall Bay
Major Lake
Cape Toucher
433
Mount Hamilton
Lusitania Bay
Mount Fletcher
428
Precarious Point
Cape Star
Carrick Bay
Caroline Point
Mount Ainsworth
363
South West Point
Windsor Bay
South East Bay
Hurd Point
（ハード鼻）
0 1 2 3 4 5 km

28

22° 15′ S
138° 45′ W

Fangataufa | 英語旧名 Cockburn Island
5㎢ | 無人

フランス領ポリネシア　太平洋

トゥアモトゥ諸島

ファンガタウファ環礁

40 km → ムルロア環礁

1000　2000　3000　4000

4410 km → ニュージーランド

810 km → ラパ・イティ島（24）

1500　1600　1700　1800　1900　2000

1966〜96年　核実験場となる

1826年2月　フレデリック・ウィリアム・ビーチーにより発見

植民地の分け前を得、2つの世界大戦にも勝利した。大国となるためにあと必要なのは、爆弾だった。第4の戦勝国であるその国は、遅れをとるまじとばかり、核武装によって世界に力を誇示し、脅威をあたえ、大国の証明にしようとした――こうして、フランス初の原子爆弾が、サハラ砂漠で炸裂した。やがてアルジェリアがその砂漠とともに独立すると、〈核抑止力《フォルス・ド・トラップ》〉のためには、別の荒野が見つけられなければならなくなった。候補としてまず孤島クリッパートン環礁、ついで暴風の吹きすさぶケルゲレン諸島が挙がった。

最終的に恐ろしい実験場に選ばれたのは、絵のように美しいトゥアモトゥ諸島の2つの環礁だった。世界の目の届かない僻遠の地、ムルロア環礁とファンガタウファ環礁である。ともに、手つかずのゆたかな自然に恵まれた無人の島だった。

フランス人はファンガタウファに上陸すると、閉じたリングの形状をしていた島の北部を爆破して、水路を開き、礁湖《ラグーン》の内部まで船が入りこめるようにした。そして、近隣の環礁の住民に保護サングラスを配った。

1968年8月24日、大実験のためのすべての準備が整った。フランス初の水爆実験である。爆発力2・6メガトンは、原子爆弾の100倍から1000倍の威力があった。3トン爆弾を搭載したヘリウム風船が、高度520メートルまで上昇した。作戦のコードネーム〈カノープス〉が叫ばれた。全天で2番目に明るい恒星の名前である。カノープスははるかな南の空にあって、フランスからは見ることができないが、おなじく、パリ時間19時30分に起こった水爆の爆発も、フランスからは見えなかった。

巨大な雲が、渦を巻く水蒸気の尾をひいて天に突きあがった。衝撃波は外へ向かい、礁湖、環礁、外洋、とリング状に影を投げ、海原を押さえつけて巨大な波をつくり、四方に広げていった。

あとにはなにも残らなかった。建物も、装置も、樹木も、なにひとつ。島全体が、放射能汚染のためにからっぽになった。ファンガタウファ環礁は、6年間立ち入り禁止となった。

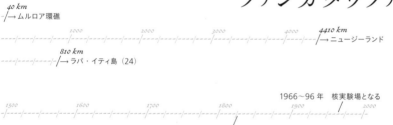

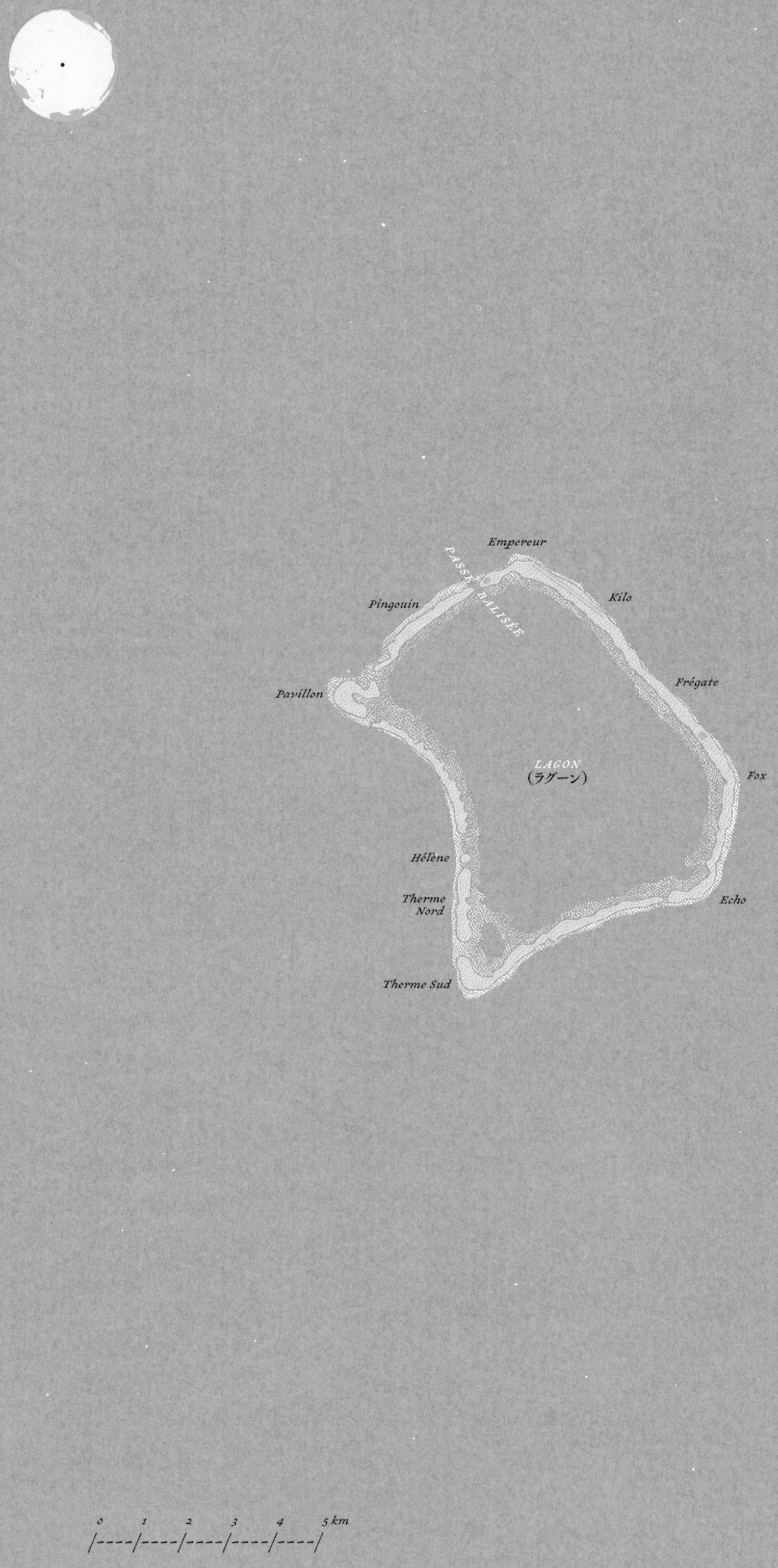
Empereur
PASSE BALISÉE
Pingouin
Kilo
Frégate
Pavillon
LAGON
(ラグーン)
Fox
Hélène
Therme
Nord
Echo
Therme Sud
0 1 2 3 4 5 km

29

ロシア語 Ostrow Atlasowa｜日本語 阿頼度《あらいど》島
119㎢｜無人
50° 51′ N
155° 33′ E

ロシア　太平洋

千島列島
アトラーソフ島

70 km
→カムチャツカ半島

1000　1370 km
→札幌

1000　1650 km
→セミソポクノイ島（40）

1500　1600　1700　1800　1900　2000…

1953 年まで、スターリン時代の女性囚流刑地

2019 年　火山噴火

島名は、地球を肩にかついだ巨人アトラスではなく、アトラーソフという、カムチャツカ半島を探検したコサックの隊長に由来する。島はたったひとつの孤独な山からできていて、数珠のようにつながった千島列島のどこよりも高く、くろぐろとした岸壁を海面に浮かべている。

富士山よりも美しいその火山を、千島列島の民〔千島アイヌのことと思われる〕は〈アライト〉と呼んでいた。灰色の玄武岩でできた山頂は、冬には砂糖のようにまっ白な雪をかぶる。環太平洋火山帯の島が点々と並ぶ列島の最北端にあり、島の年齢は4万年から5万年、その均整のとれた山容は、息をのむほど美しい。

むかしむかし、アライト山はカムチャツカ半島の南端にあるクリル湖のまん中に存在していたという。空高く壮麗にそびえていたため、周囲の山々はすっかりその日陰になった。それで山々はひどく腹を立て、アライト山に喧嘩をふっかけた。実のところは、その非の打ち所のない美しさをやっかんでいただけだったのだが。アライト山はこのことがひどく胸にこたえ、山々に囲まれたこの場所から出ていくしかないと思うようになった。そうして長い旅に出、とうとう半島を出て、海の中の隔遠の島として落ち着いたのだった。

けれど、クリル湖にいたときの想い出と悲痛のしるしに、山は自分の心臓をもとの場所に残してきた。それを千島の民のことばで〈オウチチ〉、ロシア語で〈心《こころ》岩〉と呼ぶ。〈心岩〉は円錐形の岩で、いまもクリル湖のまん中にある。

アライト山が望まずして出た、あとにも先にも一度かぎりの旅のあとを、いまのオゼルナヤ川が流れている。山が通ったあとが谷になったのだ。アライト山が自分の居場所から身を起こしたとき、湖の水がどうっと流れて、あとを追いかけた。追放され移民した山をいまもふるさとに結びつけているのが、その細くて青いへその緒である——。

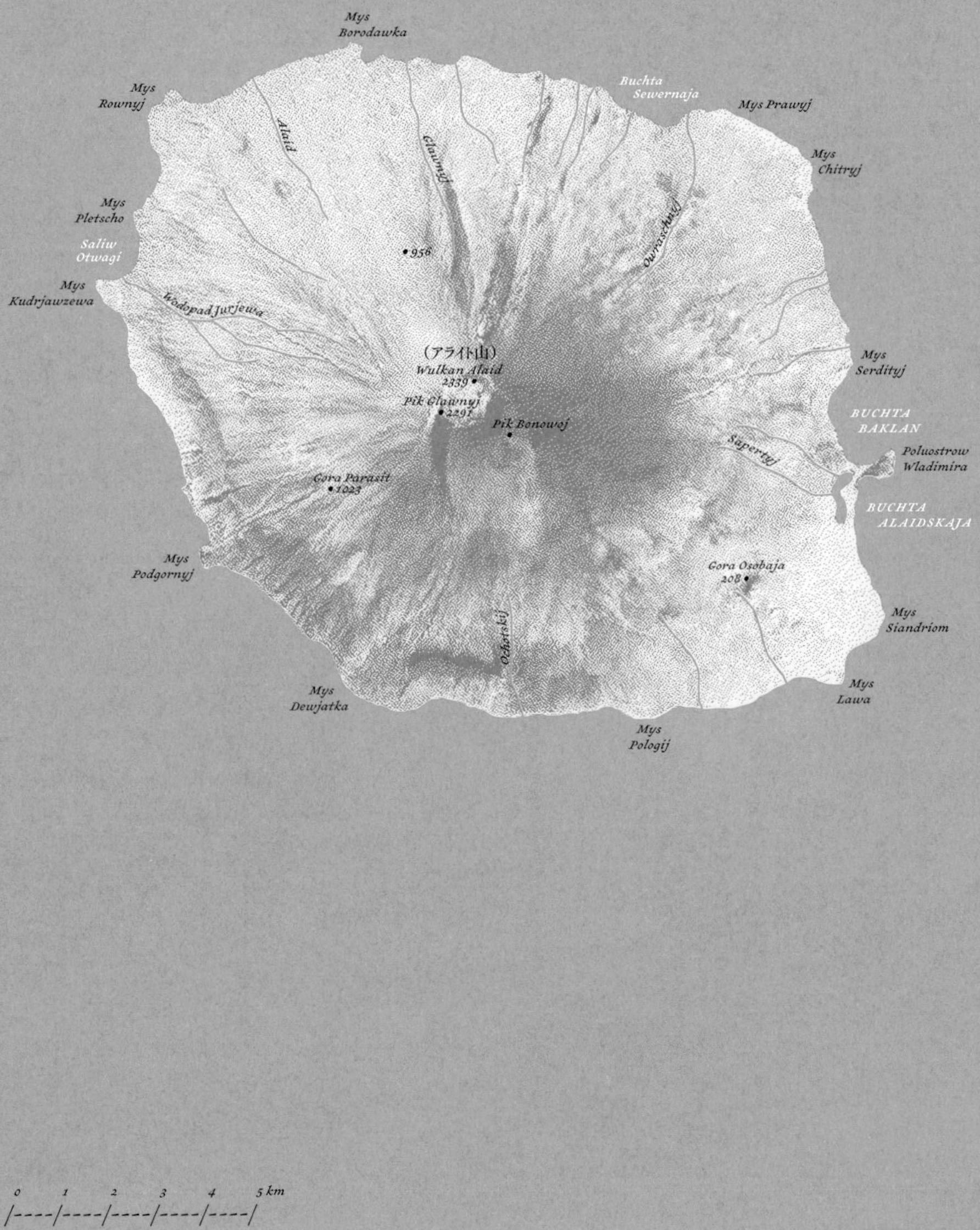
Mys
Borodawka
Mys
Rownyj
Alaid
Glawnyj
Buchta
Sewernaja
Mys Prawyj
Mys
Chitryj
Mys
Pletscho
Saliw
Otwagi
956
Owrashnyj
Mys
Kudrjawzewa
Wodopad Jurjewa
(アライト山)
Wulkan Alaid
2339
Pik Glawnyj
2297
Pik Bonowoj
Mys
Serdityj
BUCHTA
BAKLAN
Sapertyj
Poluostrow
Wladimira
Gora Parasit
1023
BUCHTA
ALAIDSKAJA
Mys
Podgornyj
Gora Osobaja
208
Mys
Siandriom
Ochotskij
Mys
Dewjatka
Mys
Lawa
Mys
Pologij
0
1
2
3
4
5 km

スコット・モーマンは、カリフォルニアのサンフェルナンド・バレーで育ち、子どものときにテレビの連続ドラマ「楽園の冒険《アドベンチャーズ・イン・パラダイス》」を見て、ハワイの暮らしを夢見るようになった。そして1975年に本土を去ると、マウイ島の東岸にあるナヒクに移り住んだ。そこは万事がハワイ時間だった。天気がよければ仕事はお休み、といったぐあいである。

1979年2月11日日曜日の朝が、まさにそんな日だった。太平洋は鏡のようになめらかで、空にはほとんど雲もない。スコットは男友だち4人とともに、船で海釣りに出ることにした。彼らはモーター用に新しい点火プラグを買い、冷蔵庫にビールと炭酸を詰め、釣った魚のために氷を用意した。10時頃、入江のくちもとにある岩石島のそばを通過し、所有のモーターボート、全長5メートルのサラ・ジョー号を南に向けた。そろってサングラスをかけ、長髪で、あごひげを生やしていた。誰かがマリファナを巻きだした。

昼頃に風が吹きはじめ、昼過ぎにはそれが嵐となって、夕方にはハリケーンと化し、島を吹き荒れた。沿岸は大被害を受け、海は荒れ狂った。波は数メートルになり、雨が降りつづいた。

17時、サラ・ジョー号が行方不明、と報告があがった。沿岸警備隊は悪天候のなか、ヘリコプター1機と飛行機1機を飛ばしたが、視界はきわめて悪かった。捜索範囲は日ごとに拡大された。沿岸警備隊は5日間出動したが、家族や友人はその後もさらに1週間捜索をつづけた。発見できなかった。なにひとつ。人の痕跡もなければ、ボートのかけらもない。

それから9年半がたち、捜索者のひとりだった海洋生物学者ジョン・ノートンが、ハワイの西3600キロメートル、マーシャル諸島最北端のもっとも乾燥した環礁であるタオンギ環礁で、1艘のボートの残骸を発見した。グラスファイバー製の船体に、目を惹くほどはっきりとハワイの登録番号が記されていた。サラ・ジョー号だった。

すぐそばに石を積んだだけの簡単な墓があり、その上に流木を組みあわせた十字架が立っていた。砂から骨が見えていた。調査の結果、スコット・モーマンの遺骸であることがわかった。誰がスコットを埋葬したのか、そしてほかの4人はどこへ行ったのか、いまもって謎である。

30

Taongi 別名 Bokak | 英語旧名 Gaspar Rico または Smyth Island | 14° 38′ N 169° 00′ E
3.2㎢ | 無人

マーシャル諸島共和国　太平洋

ラタック列島

タオンギ環礁

280 km → ビカール環礁

3750 km → ハワイ島

2500 km → パガン島（47）

1526 年 8 月 21 日　アロンソ・デ・サラサルにより発見

1988 年 9 月 10 日　サラ・ジョー号の残骸発見

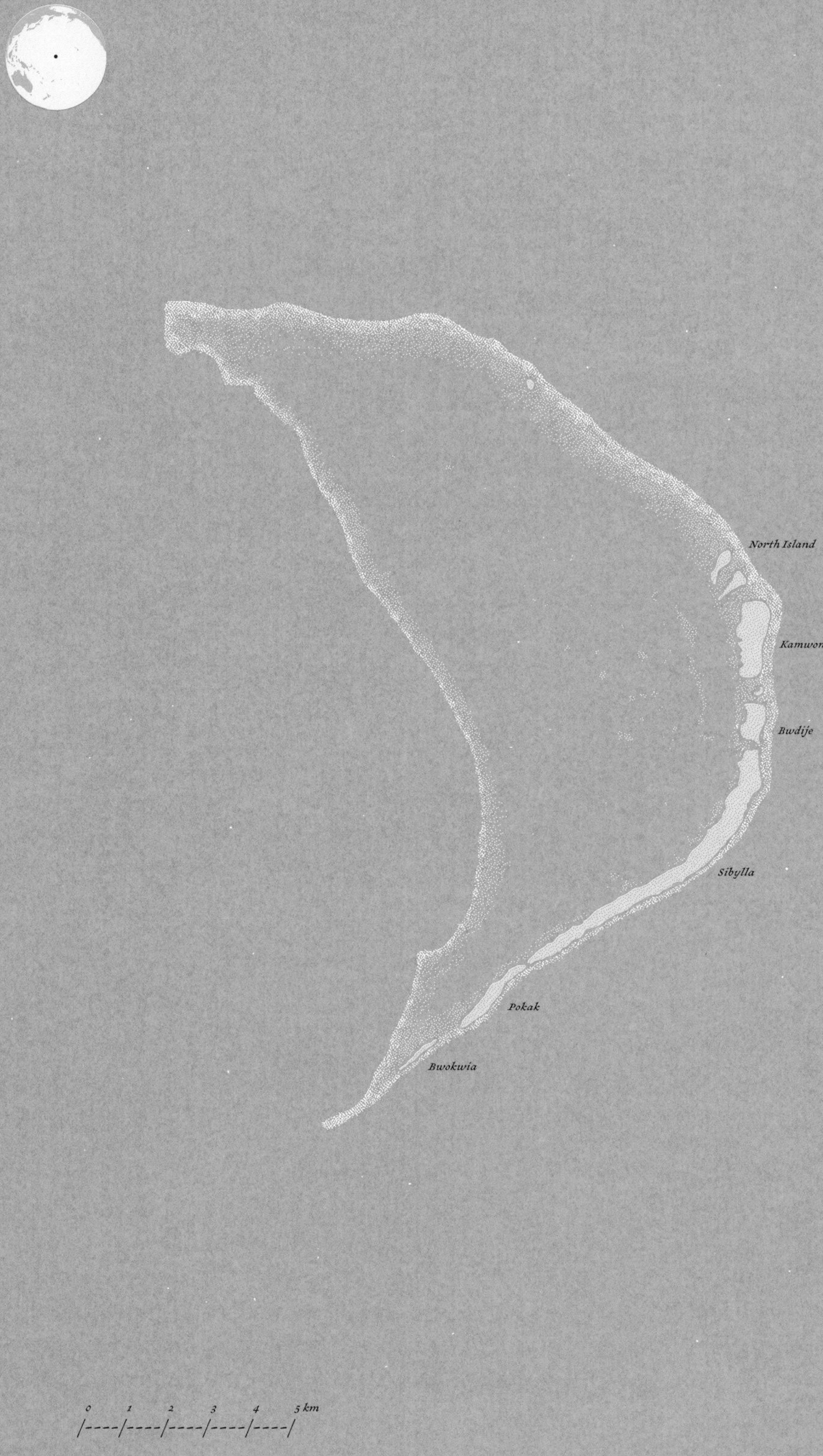
North Island
Kamwome
Bwdije
Sibylla
Pokak
Bwokwia
0
1
2
3
4
5 km

英語 Norfolk Island｜ノーフォーク語 Norfuk Ailen｜29° 02′ S　167° 57′ E　31
34.6㎢｜住民 1748 人

オーストラリア　太平洋

ノーフォーク島

740 km → ニュージーランド
1390 km → オーストラリア本土
1850 km → ティコピア島（46）

1774 年 10 月 10 日　ジェームズ・クックにより発見
1788〜1813 年　第一次流刑植民地となる
1825〜55 年　第二次流刑植民地となる

楽園のごときこの島に流されるのは、いかなる犯罪者にとっても最悪の刑だった。この地獄から帰還した者はいない。囚人たちは目を伏せ、唇を動かさずに話す。労働は、露天掘りか、でなければ海辺の岩礁で、海中の珊瑚の壁から石灰を割りとること。どんな重労働であれ、独房に監禁されるよりはましだった。昼食にはジャガイモとトウモロコシの粥、革のように固い塩漬け肉、バケツに汲み置きの水が出た。夜には、なおもわずかな抵抗を示す者に向かって〈九尾の猫鞭《むち》〉が、意識を失うまでふるわれた。

1840年5月25日月曜日、女王陛下の誕生祝日だった。港の船が21回、祝砲を撃った。女王の人生の1年につき、祝砲1発の勘定である。数週間前に着任した新総督、アレクサンダー・マコノキーが、祝賀の行事を告げ知らせた——全員、自由に動き回ってよい！と。囚人はむろんのこと、看守たちも耳を疑った。鎖もつけない、予防措置もとらない。扉という扉が開け放たれた。全員がそろって、はるかなる統治者の健康を願い、本物のラム酒数滴をたらしたパンチで乾杯した。

総督は開けっぱなしの地下牢を散歩し、囚人たちは丘をぶらつき、ノーフォーク松の松林をそぞろあるいた。夕方はみなが会して、オープンエア《アル・フレスコ》の夕食会となった。新鮮な豚肉がふるまわれ、花火と余興が催された。囚人たちが稽古したプログラムで、シェークスピアの『リチャード三世』から、天幕のシーンが上演された。ひとりの囚人が子どもっぽく上気してホーンパイプを踊った。別の囚人は、喜歌劇『アンダルシアの城』から、一番人気のアリア《オオカミの歌》を歌った。

「オオカミが夜中　獲物を探し／月に向かっておっかない遠吠え／かたい戸締まり　むだってものよ／女どもは叫ぶが　助けはこない／静かにしてな　命がおしきゃ／宝石、現金、家財もごっそり！／錠前かんぬき　たちまちぶっ飛ぶ／あとはドンパチ　かっ攫って、ぶん盗るさ！」。

国歌演奏のあと、合図のホルンが吹き鳴らされると、みんなぞろぞろと地下牢と囚人棟に戻っていった。この日、いかなる種類の事件も起きなかった。

Point Vincent
Point Howe
Duncombe Bay
Bird Rock
Anson Point
Anson Bay
Mount Bates 318
Mount Pitt 316
Cascade Bay
Cascade
Puppy's Point
Steels Point
Burnt Pine
Middlegate
Point Blackbourne
Ball Bay
Rocky Point
Kingston
Collins Head
Sydney Bay
Point Hunter
Cemetery Bay
Point Ross
Nepean Island
PHILIP ISLAND
0 1 2 3 4 5 km

ロバート・ディーン・フリスビーは、プカプカ島貿易センターのベランダに腰を掛けていた。背後には村の半分があり、眼前には小集落があって、海べりに点々と小屋がちらばっている。子どもたちが浜の浅瀬であそび、老女たちは夕凪になぶられながら、パンダナスの葉で帽子を編んでいる。漁を終えて戻ってくる男たちのカヌーが、水平線から近づいてきている。

ふいに、隣に住む女がばたばたと彼のもとに駆けよってきた。一糸まとわぬ裸体で、海から上がったばかりのびしょ濡れ、黄金《こがね》色に灼けた肌に髪がはりついている。息を切らし、なにか飲み物をとねだるうちにも、乳房が上に下に揺れる。フリスビーはあたふたと望みのものを渡したが、女が夕闇に姿を消したあとも、長いことあとを見つめていた。妙に心が昂ぶっていた。もうずいぶんここで暮らしているが、いつまでたっても裸体に慣れない。その点では自分はいまだに、ここのような奔放さを想像もできなかったクリーヴランド出の少年のままだった。

プカプカ島では、結婚のときに女が処女かどうかなど、誰も気にとめない。身体のその状態を表現する言葉すらないのだ。未婚のまま子を産んだら、子どもが産める女であると将来の夫に証したことになって株が上がり、むしろ結婚しやすくなるほどだ。

夜闇がおりると、3つの村の若者たちが村はずれの浜に集まってくる。若者たちはそこで取っ組みあいをし、踊り、歌い、まぐわう。3人以上がひとつ床に入ることもあたりまえだ。セックスは遊びのひとつであって、嫉妬のまじる余地はない。歌をうたうことはこの遊びの一部だが、それが性交の前なのか、あとなのかは、世代によって意見が分かれる。年配の女たちが、前戯のときも後戯のときも歌うものだと言う一方、若い娘たちは、歌は後戯のときだけだと言い張る。だがどちらも口を揃えるのは、交わりのただなかに歌ってはならない、ということ。セックスが終わると、男と女はいっしょに海に入り、水を浴びる。

こういうところはプカプカ島の方がクリーヴランドよりだいぶ進んでるな、とロバート・ディーン・フリスビーは思い、ベランダの灯りを消した。

32

Pukapuka｜英語別名 Danger Island［〈危険島〉］
3㎢｜住民 444 人
10° 53′ S
165° 51′ W

クック諸島　太平洋

プカプカ島

700 km → サモア
1300 km → ラロトンガ島
2680 km → ナプカ島（23）

1595 年 8 月 20 日　アルバロ・デ・メンダーニャにより発見
1765 年 6 月 21 日　ジョン・バイロンにより視認
1924 年　のちにポリネシアの紀行作家となるロバート・ディーン・フリスビーがプカプカ島に移住

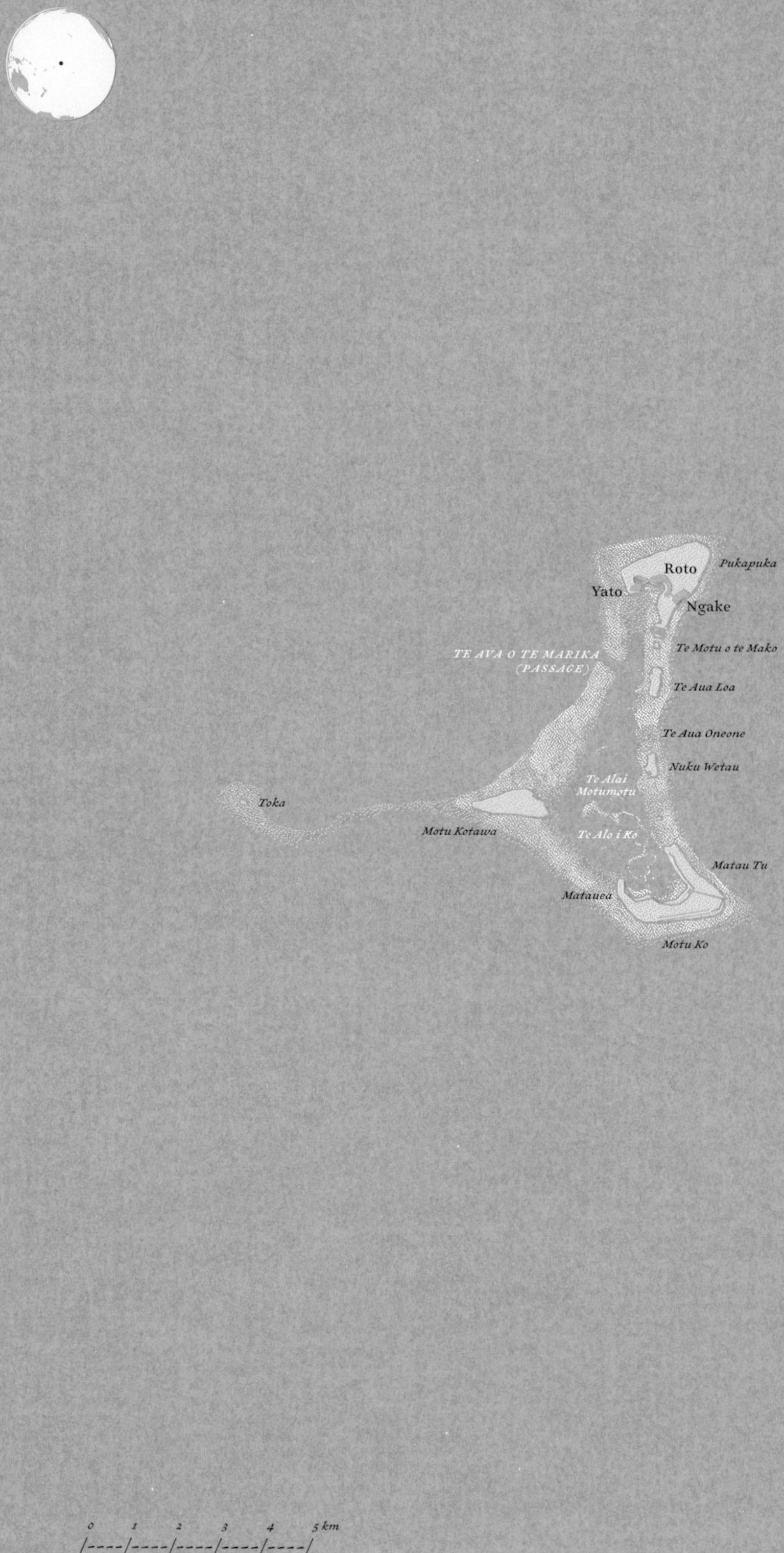
Pukapuka
Roto
Yato
Ngake
TE AVA O TE MARIKA
(PASSAGE)
Te Motu o te Mako
Te Aua Loa
Te Aua Oneone
Nuku Wetau
Te Alai
Motumotu
Toka
Motu Kotawa
Te Alo i Ko
Matau Tu
Matauea
Motu Ko
0 1 2 3 4 5 km

どこかにもうひとりの自分、すなわちドッペルゲンガーがいたらいいのに……とは誰しもが思ってみることだ。そいつは地球の裏側にいて、さかさまに立ち、足《ポデス》がこちらとは逆向き（対蹠《たいせき》）になっていて、重力によってこの丸い地球につなぎとめられている。対蹠地にいる自分は、経線をぐるっと回って、緯度だけが反対のところにいるわけだ。そこでは季節も逆であり、時間もずれている。こちらが冬のとき、対蹠地にいる人は夏を迎えているし、こちらが真昼のとき、むこうは真夜中だ。とはいえ、アンティポディーズ諸島、つまり対蹠諸島と名づけられたこの島々に、人間は住んでいない。ミナミオットセイと派手なとさかのペンギンが、岩場をうろちょろしているぐらいである。

　島を発見したのは、オーストラリアのポート・ジャクソン湾を出て帰国の途にあったイギリス船だった。船長のヘンリー・ウォーターハウスが、ここはグリニッジ子午線の通るロンドンのほとんど真裏にあたる、とはじきだした。こう考えたものだ――ここはいわば鏡の裏側にあたる地点である、つまりこの諸島は、ブリテン諸島の小さなドッペルゲンガーである、と。船長の生まれたロンドンとこの諸島との距離は、北極と南極のあいだの距離に等しい。つまり、いかなるルートをとろうとも。世界の中心たるロンドンからこれ以上僻遠の地はない、というわけ。イギリスとこれらの島とは、地球の直径、すなわち地球の中心をつらぬく想像上の直線の2つの終点なのである。

　だが、このドッペルゲンガーは与《くみ》しやすい相方《あいかた》ではなかった。故国とはだいぶ様相がちがっていた。山がちで森がなく、気候は寒冷で厳しく、嵐が吹き荒れる。メキシコ湾流が運んでくるような温暖な空気もない。牛を島に連れてきてみたが、黄色っぽい草原のなかでたちまちひっそりと死んでしまった。かくして砕け散る荒波のこだまは、聞き手のないまま、ぎざぎざの絶壁の洞穴に響きつづけるばかり――

33

49° 41′ S
178° 46′ E

英語 Antipodes Island 当初の名称は Isle Penantipode［〈対蹠地に近い島〉］
21㎢｜無人

ニュージーランド　太平洋

アンティポディーズ諸島

アンティポディーズ島 対蹠島

740 km → ニュージーランド本土

1000　2000　2425 km → 南極大陸

1000　2000　2270 km → ラウール島（42）

1500　1600　1700　1800　1900　2000

1800 年 3 月 26 日　ヘンリー・ウォーターハウスにより発見

Bollons Islands
210
North Cape
Perpendicular Head
Anchorage Bay
Reef Point
Stella Bay
NORTH PLAINS
Windwards Islands
Orde Lees Islet
Crater Bay
Alert Bay
Mount Galloway
366
Leeward Island
Cave Point
Depressions
CENTRAL PLATEAU
Stack Bay
361
Mount Waterhouse
（ウォーターハウス山）
Ringdove Bay
Albatross Point
South Bay

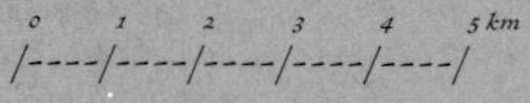
0 1 2 3 4 5 km

スペイン語 Floreana 別名 Santa María ｜英語旧名 Charles ｜ 1° 18′ S 90° 26′ W 34
173㎢｜住民 100 人

エクアドル 太平洋

ガラパゴス諸島

フロレアナ島

50 km → イサベラ島

1050 km → エクアドル本土

830 km → ココ島（48）

1535 年 3 月　トマス・デ・ベルランガにより発見

1793 年　北部入江に荷揚げ場建設

1929 年　ドイツ人が入植しはじめる

〔登場人物〕 ドーレ・シュトラウフ――女性教師。自分より倍も年上の中高等学校《ギムナジウム》校長の妻としての人生にあきたらず、自分にはもっと高い使命があたえられていると思っている。フリードリヒ・リッター博士――ベルリンの歯科医。ひたいに皺を寄せ、燃えるような目をし、人間の脳を図示しようと考え、同時に自分にとって文明はもはやなんの新味もない、と考えている。1929年、2人はそれぞれの配偶者のもとを去り、国家の支配がおよばず、必要性の法だけに支配される地におもむいた。

〔舞台〕 植民地政策がことごとく失敗に帰したある孤島。フリードリヒとドーレは草むした休火山のクレーターのなかに、〈フリードー《平和》〉と名づけた農場を造営する。トタンとステンレス鋼で小屋を建て、1モルゲン〔3000平方メートル〕の土地を耕作した。

文明を遠ざけた2人は、訪問客があるとき以外、服も着ない。はじめ島を訪れたのは〈ガラパゴスのアダムとイヴ〉のネタを新聞に売り込もうとした興味本位の野次馬だった。だがほどなく2人に追随する者があらわれる。リッターはこう書いている――「私たちの島のような地球上のかくも訪れ難い場所にこれほど人が来るとは信じがたい」。

1932年、この野外劇場にあらたな登場人物が加わった。オーストリア女性、エロイーズ・ヴァーグナー・ド・ブスケ。自称男爵令嬢、薄い眉と大きな歯をした享楽的な女で、大富豪ご用達の豪華ホテルを島に建設するという。彼女が引き連れてきたのは、乳牛、ロバ、鶏、セメント8トン、愛人2人。愛人のひとりローレンツは淡い金髪の軟弱な青年、もうひとりのフィリップソンは、屈強で精力満々。どちらも彼女の官能に溺れ、そのむら気にふりまわされる奴隷だった。

男爵令嬢はほどなく島の女帝を気取り、リッターとドーレにも暴君ぶりを発揮するようになる。鞭とピストルをもって支配し、ローレンツを下僕扱いにして虐待し、あとで介抱して回復させるためにのみ、動物を傷つけた。つくるはずだったホテル〈ハシエンダ・パラディソ〉は結局建てられず、4本の柱にテント用の布地を張りわたすに終わった。

しかし喜劇は一転、ミステリーになる。1934年、男爵令嬢とフィリップソンが突如ふっつりと消息を絶ったのだ。半年後、近くの島の浜辺で、ローレンツの死体が発見される。前後してリッター博士が毒入りの肉を食べて死亡。ドーレただひとりが帰国し、ベルリンに戻ったのだった。世界中の新聞がガラパゴスの怪事件について憶測を書きたてた――さて、犯人は誰でしょう？

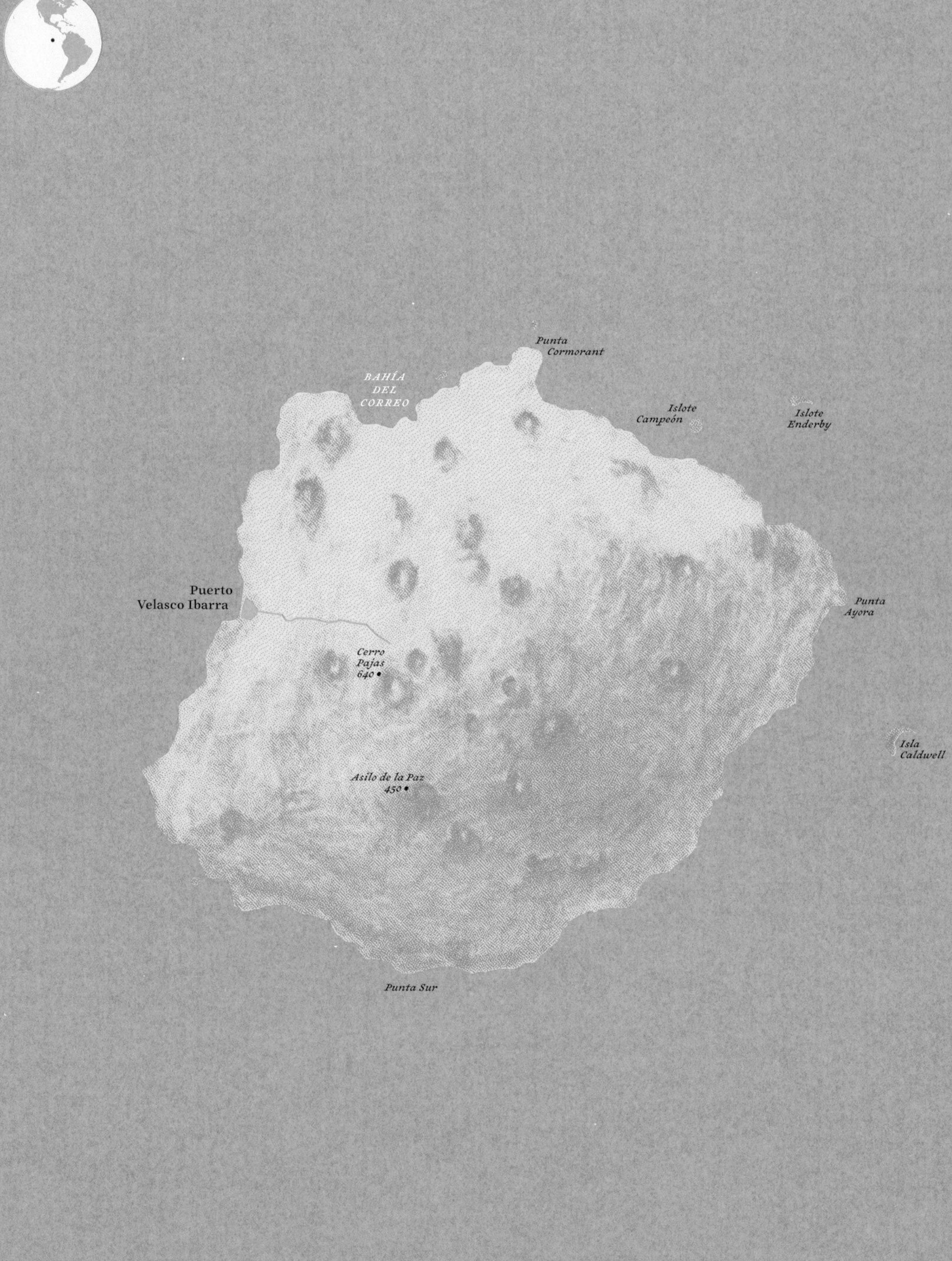
Punta Cormorant
BAHÍA DEL CORREO
Islote Campeón
Islote Enderby
Puerto Velasco Ibarra
Punta Ayora
Cerro Pajas 640
Isla Caldwell
Asilo de la Paz 450
Punta Sur
0 1 2 3 4 5 km

Banaba｜英語別名 Ocean Island｜0° 51′ S 169° 32′ E
6.5㎢｜住民 330 人
35

キリバス共和国　太平洋

バナバ島

290 km → ナウル島
440 km → ギルバート諸島
1550 km → ハウランド島（26）

1945 年　島を占領していた日本軍が終戦直後にバナバ島民 143 人を虐殺、残った島民を強制移住させる
1801 年　ジャレッド・ガードナーにより視認
1900〜79 年　イギリスがリン鉱石採掘

バナバ島民のもっとも大切な道具は、野生のアーモンドの木の木片と、先端を尖らせた亀の甲羅からつくられる。入れ墨をする道具である。ココナッツの灰を、塩と汲みたての水で練った黒いペーストが染料だ。

装飾の文様は厳密に定まっている。一重の線や二重の線、直線や曲線から、羽根の形が生まれてくる。入れ墨は頭と両脚、ほぼ全身にほどこされる。じつは、あの世に向かう身支度である。

死者のたましいは西方をめざしていく。その途上、ネイ・カラマクナという島の頭をした女が通せんぼをし、自分の好物を要求する。その好物というのが、皮膚にほどこされた文様なのだ。ネイ・カラマクナは、大きなくちばしで手足や顔に入った文様の墨をついばむ。そしてその礼として、冥土への道を難なく見つけられるようにと、死者に霊眼をあたえる。一方、入れ墨をしてこなかった者は両眼をつつきだされて、盲《めしい》のまま、とこしえにさ迷わなければならない。

バナバの人々は死者を埋葬しない。死体の肉が完全に腐敗するまで家の軒先に吊しておき、そのあと骨を海で洗う。胴体と頭部はべつべつに保存される。首から下の骨は家の下に、頭蓋骨はテラスの石の下に置き、その上で若い男たちがグンカンドリと遊びをする――飼い慣らした鳥のまわりを踊りながら、ものを投げつけ、鳥がもう一歩も動けなくなって羽を地面に押しつけるまで、それをつづけるのだ。

ところでこの島の創造者こそ、このグンカンドリであった。おおむかし、海からいくらか隆起した場所にグンカンドリが巣をつくり、そこに糞をした。長大な時間のうちに堆積したその糞が、海中に沈み、岩礁のなかで化石化して、リン酸質の石灰となった。数メートルにおよぶその糞化石《グアノ》の層がふたたびゆっくりと海面に上昇したとき、純粋なリン酸塩からなる島――リン鉱石の島ができたのである。

Tabwewa
86
Tabiang
Ooma
Lilian Point
Home Bay
Sydney Point
0 1 2 3 4 5 km

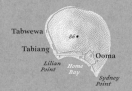

キャンベル島

ニュージーランド　太平洋

36
52° 32′ S
169° 09′ E
英語 Campbell Island
113.3㎢｜無人

1000
1900 km →南極大陸
660 km →ニュージーランド本土
730 km →対蹠島（アンティポディーズ島）(33)

1500　1600　1700　1800　1900　2000
1810年1月4日　フレデリック・ハッセルボロウにより発見
1995年10月15日　測候所閉鎖

１８７４年12月8日、空は雲でとざされていた。その晩の天候は一定せず、霧がかかっていた。

　この島で金星の日面通過の開始が見られる確率は60パーセント前後、終了を見届ける確率は30パーセント前後である——そのような予測を出していたのは、1年前の12月にほぼ1か月間この島に滞在し、天候を観察して、観測に適した場所を探したジャックマール大尉であった。

　この報告にもとづいて、フランス科学アカデミーは金星日面通過の観測地をキャンベル島にすることに決定、6月21日、政府のふんだんな援助を受けて装備を整えた観測隊が、水路学者アナトール・ブケ・ド・ラ・グリの指揮下、マルセイユ港を出発した。

　9月9日、キャンベル島が靄のなかから姿をあらわしたとき、乗組員は一目見て、陰鬱な印象を受けた。からからに乾いた島で、木の一本もない。北部の高原には黄色い茫々とした草藪が広がり、南部には奇妙な形に丸く盛りあがった山がある。その中間でパーサヴィアランス《辛抱強さ》湾のフィヨルドが2つを分けていた。

　12月9日午前、北西の風が吹き、そのために10時頃少しにわか雨をみた。空はまるっきりの灰色だったが、やがてあたたかい太陽がいくらか霧を晴らし、濃い靄のなかにようやく日輪が白っぽくぼんやりと輪郭をあらわした。金星が太陽面に入る5分前、風が弱まった。子午環の接眼レンズをのぞき込んでいたブケ・ド・ラ・グリは、太陽面の縁に黒い一点——うっすらして輪郭がぼやけていたが——を見つけて歓声をあげた。金星だ。と、すぐに巨大な雲がこの天体現象をさえぎった。100年に一度あるかないかの現象を、15分以上にわたってである。雲が流れ去ったとき、金星はすでに半分がた日面を通過していた。こんどは金星の輪郭はくっきりと鮮やかにあらわれ、屈折も光暈もなかった。ところが、この澄み切った時間は20秒とつづかなかった。

　それですべてが終わった。靄がもわもわと湧き、日輪はふたたび見えなくなった。数時間後に空は晴れたが、金星はとっくに真昼の空に消え去っていた。

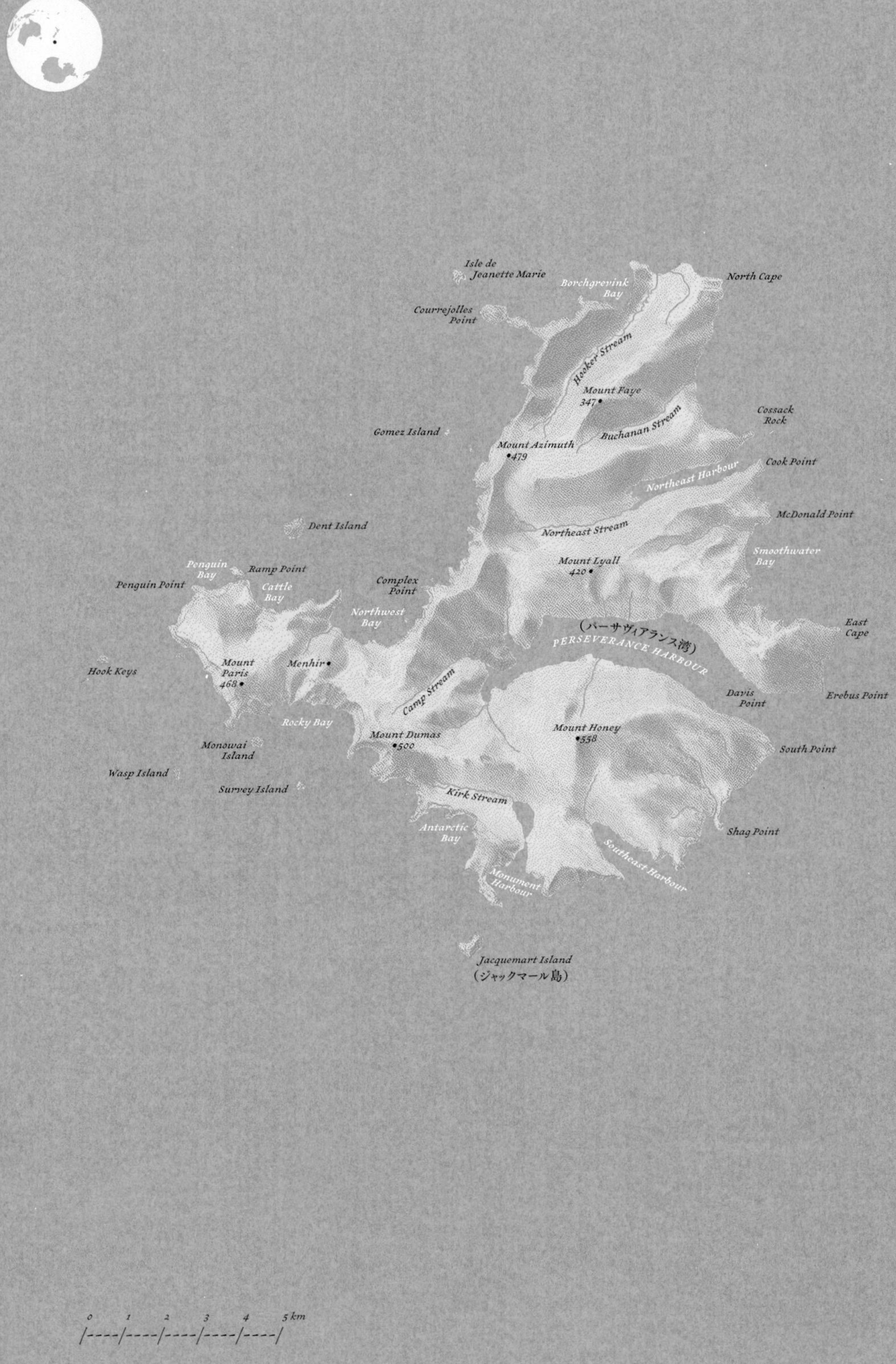

Isle de Jeanette Marie
Borchgrevink Bay
North Cape
Courrejolles Point
Hooker Stream
Mount Faye 347
Cossack Rock
Gomez Island
Buchanan Stream
Mount Azimuth 479
Cook Point
Northeast Harbour
McDonald Point
Dent Island
Northeast Stream
Smoothwater Bay
Penguin Bay
Ramp Point
Mount Lyall 420
Penguin Point
Cattle Bay
Complex Point
Northwest Bay
（パーサヴィアランス湾）
PERSEVERANCE HARBOUR
East Cape
Hook Keys
Mount Paris 468
Menhir
Camp Stream
Davis Point
Erebus Point
Rocky Bay
Mount Dumas 500
Mount Honey 558
South Point
Monowai Island
Wasp Island
Survey Island
Kirk Stream
Antarctic Bay
Shag Point
Monument Harbour
Southeast Harbour
Jacquemart Island
（ジャックマール島）
0 1 2 3 4 5 km

この島は豚までが白と黒をしていて、まるで彼らのために創造されたかのようである——彼ら、すなわち色彩をまったく感じることのできない数十人のピンゲラプ島民のことだ。沈む太陽の炎のような赤色も、大海原の碧青も、熟したパパイヤのどぎついほど鮮やかな黄色も、パンノキやココヤシがみっしり繁るマングローブの濃い常緑も、見ることができない。

原因は8番目の染色体、そして2世紀以上前に島を襲ったレンキエキ台風にある。この台風で島民の多数が死亡し、つづいて起こった食糧難のあと、生き残ったのはわずか20人前後だった。そのなかにひとり、色覚異常の劣性遺伝子を持った男性がまじっていた。そして近親婚がくり返されるうちに、色覚異常の出現頻度が異常に高くなったのである。現在ピンゲラプ島民の10パーセントが〈一色覚者〉、いわゆる全色盲者である。ほかの場所なら3万人に1人以下しか存在しない。

一色覚者は、強い光に耐えられないため、うなじを垂れ、始終まばたきをし、ぴくぴくする眼をしきりにひそめ、視野を狭めるために眉間に皺を寄せていることから、すぐに見分けがつく。彼らは光や日中を避け、日暮れを待って家の外に出る。家の窓はカラーフィルムを貼って覆ってある。ところがこの人々は暗闇では活動的で、誰よりも自由に動きまわる。

一色覚者のなかには、夢はぜったいに憶えている、と主張する者がたくさんいる。夜中に水底にいる魚の黒っぽい群れが見えるという者も。かすかな月光が魚のちいさな鱗《うろこ》に反射するのがわかる、というのだ。

自分たちの世界はたしかに灰色ではあるけれど、色のある世界の人々には秘められたいろいろなものが見える、と島民はくり返し語る。想像もつかないような明暗やトーンの微妙なニュアンスがわかるのだ、と。絢爛《けんらん》たる色彩の世界、といった単純な決めつけに、彼らはいきどおる。一色覚者の眼からすると、色彩は本質的なものから眼をそらせることしかしない。本質的なもの——形や、陰翳や、構造や、対比のゆたかさから。

ピンゲラプ語 Pingelap 別名 Pelelap または Pingerappu To ｜英語 Musgrave 旧名 MacAskill Island
1.8㎢｜住民 258 人
6° 13′ N
160° 42′ E
37

ミクロネシア連邦　太平洋

ピンゲラプ環礁

780 km → ビキニ環礁
1000　1990 km → ニューギニア島
1000　1250 km → バナバ島（35）

1500　1600　1700　1800　1900　2000

1793 年　トマス・マズグレイヴが確認
1820 年代　色覚異常者があらわれる
1775 年　レンキエキ台風により大被害を受ける
2000 年　色覚異常の遺伝子が解明される

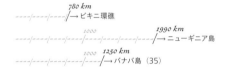

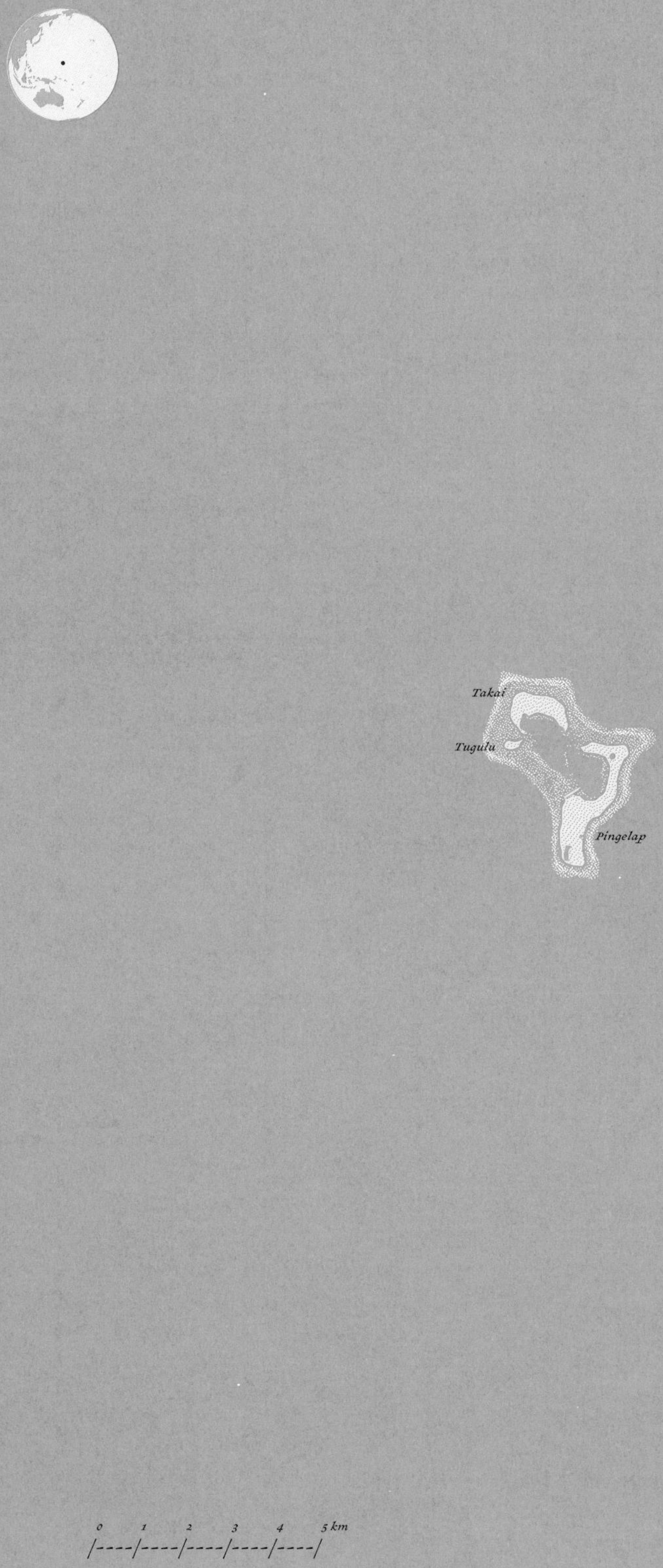
Takai
Tugulu
Píngelap
0 1 2 3 4 5 km

38

27° 09′ S
109° 25′ W

スペイン語 Isla de Pascua［〈イースター島〉］｜ラパ・ヌイ語 Rapa Nui または Te Pito O Te Henua［〈世界のへそ〉］
163.6㎢｜住民 7750 人

チリ　太平洋

イースター島

3690 km → チリ本土
4190 km → タヒチ島
2970 km → ロビンソン・クルーソー島（25）

1687 年　エドワード・デイヴィスによって視認（推定）
1722 年 4 月 5 日　イースター（復活祭）の日曜日にヤーコプ・ロッヘフェーンにより確認
1888 年 9 月 9 日　チリが併合

ダーウィンがここに寄港しなかったのも不思議ではない。植物相《フローラ》にも動物相《ファウナ》にも乏しく、自然の宝庫、魔界の島のようなあのガラパゴス諸島からもカヌーで数週間の距離がある。かつてこの島には巨大椰子が生い茂っていたというが、その木がはたして実際にどれほど高かったのか、いまとなっては知る人はいない。その幹から流れ出る樹液からは蜜のように甘い酒ができ、木材からは筏を組み、石像を運搬するためのロープをつくることができた。

石造りの頭でっかちお化け、長い耳と空洞の眼をした巨像が、海岸に沿って点々と並ぶ。肌は風雨にさらされて風化し、口はききわけのない子どものようにゆがんでいる。それらは苔むした背を海に向けた、火山性の凝灰岩《ぎょうかいがん》からできたかつての守衛であった。祭りの日には空洞の眼に白い珊瑚をはめて、椰子の森を見下ろしていた。

イースター島の12の部族は反目しあい、つねに相手よりも大きい石像をつくろうとして競いあった。そして他部族の石像を夜中にこっそりと倒しあった。島民はちっぽけな島でみさかいなく資源を消費し、森の木を残らず伐採し、いわば自分自身が乗っている枝を切り落としたのだった。

それが終わりの始まりだった。島民は結局、外から持ち込まれた天然痘によって一気に滅んだか、さもなければ自分の生まれた島で奴隷になった。この地を巨大な牧羊場にしようとした入植者の農奴になったのである。1万人いた先住民は激減して、111人にまでなった。椰子の木はのこらず伐られ、石の守衛はことごとく地に倒れた。

考古学者たちがこの巨像をもう一度起こし、痕跡を探してまわった。種子をもとめて土を掘り、ごみ捨て場をさぐり、骨や炭化した木材を集めた。〈牛耕式〉という方法で書かれたこの島の古代文字ロンゴロンゴの解読をこころみ、物言わぬ石の顔から、ここでなにが起こったのかを読み取ろうとした。

いま、70の火山からなる荒涼とした島には、一本の木も生えていない。かわりに異様に大きい飛行機の滑走路がある。スペースシャトルが緊急着陸できるように、とつくられたものだ。

イースター島は地球の滅亡を予言する、未来の縮図のような島である。不幸な状況が連鎖をなして、ついには自己破壊にいたる。平穏の海、太平洋におけるレミングなのだ。

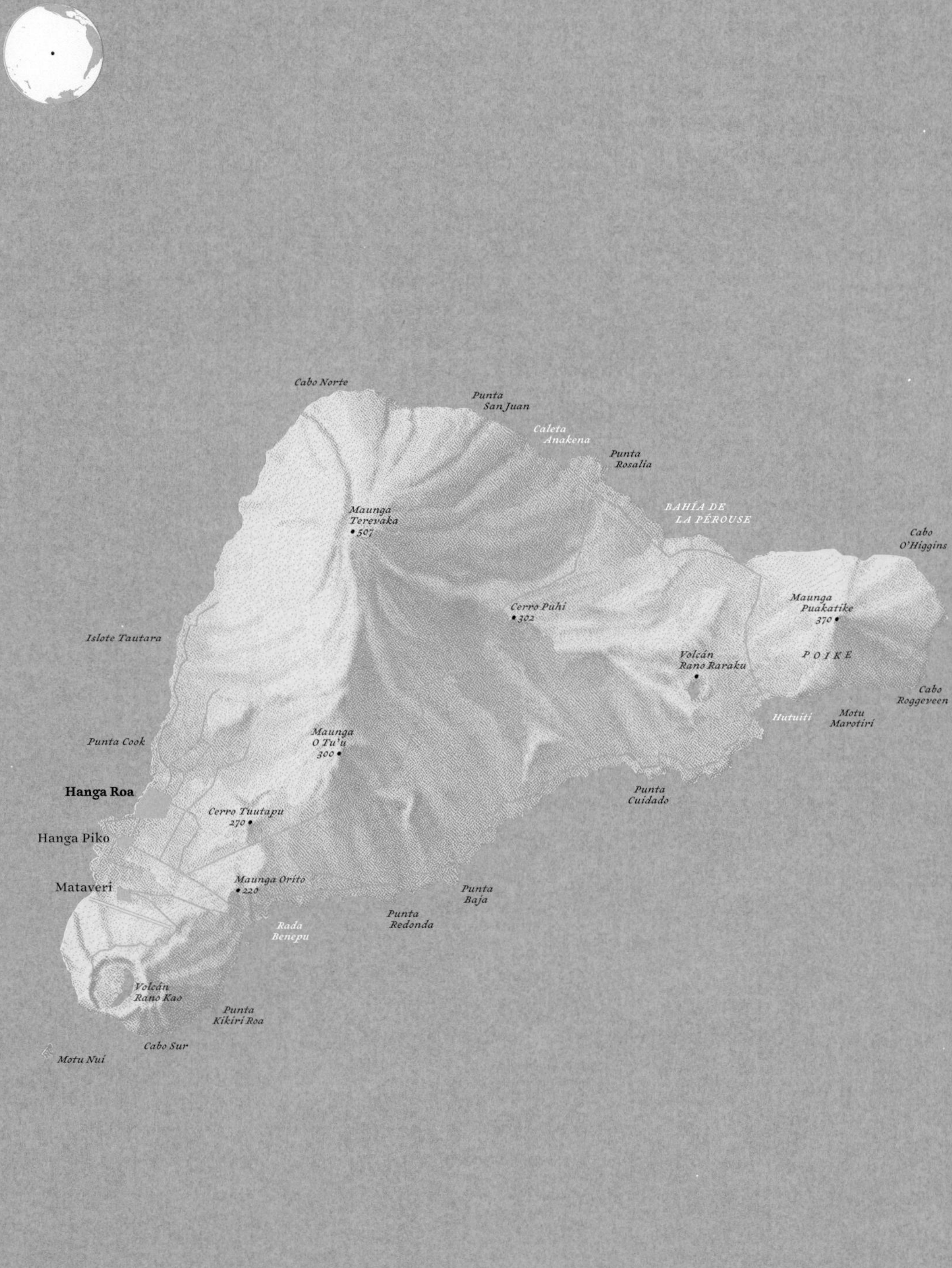
Cabo Norte
Punta San Juan
Caleta Anakena
Punta Rosalia
BAHÍA DE LA PÉROUSE
Cabo O'Higgins
Maunga Terevaka 507
Cerro Puhi 302
Maunga Puakatike 370
Islote Tautara
Volcán Rano Raraku
POIKE
Cabo Roggeveen
Hutuiti
Motu Marotiri
Punta Cook
Maunga O Tu'u 300
Hanga Roa
Punta Cuidado
Cerro Tuutapu 270
Hanga Piko
Mataveri
Maunga Orito 220
Punta Baja
Punta Redonda
Rada Benepu
Volcán Rano Kao
Punta Kikiri Roa
Cabo Sur
Motu Nui
0 1 2 3 4 5 km

39

25° 03′ S 130° 06′ W

英語 Pitcairn Island ｜ピトケアン語 Pitkern Ailen
4.5㎢｜住民 47 人

イギリス　太平洋

ピトケアン島

480 km → ガンビエ諸島
2120 km → タヒチ島
2070 km → イースター島（38）

1767 年 7 月 2 日　ロバート・ピトケアンにより発見
1790 年 1 月　〈バウンティ号の反乱〉を起こした一団が島に住み着く
1856 年　一部島民がノーフォーク島に移住
2002〜05 年　〈ピトケアンの性的暴行事件〉裁判

身を隠すにはもってこいの場所だった。貿易航路から遠くはずれ、海図の位置はまちがって記載されている。彼らは乗り組んだ船で反乱を起こし、その船を乗っ取ってここまでやってきた。その反乱に正当性があったか否かは、後世がきめることだろう。ともかく、もう故郷には帰れない——乗組員はもちろん、途中でタヒチから拉致してきた女たちも。イギリスに戻ることは監獄に押し込まれることを意味する。だがピトケアンにいることは、世界から締めだされてしまうことではないか。

「ここに留まることは、死に方が違うというだけのことだ」と、夕方、火を囲みながら航海士フレッチャー・クリスチャンが語る。しかしその火種を使って、2人の部下が夜中にバウンティ号に火を放ち、故郷への帰還——ということは絞首刑の運命——をはばむ。かつて船長の片腕だったクリスチャンは、こんどは自分が部下の反乱の犠牲となる。こうして反乱は連鎖する。

「バウンティ号の反乱のあと乗組員になにが起こったのか、私はそれを究明したい。彼らはなぜピトケアン島に行ったのか、そしてなぜ2年ほどのうちにたがいに殺しあうに至ったのか？　楽園の島ですら男たちを暴力にかりたてるのは、どんな人間の本性あってのことなのか？　私はそこに興味をひかれる！」、1962年の映画『戦艦バウンティ』で主役を演じたマーロン・ブランドはそう語り、出演契約のなかに、映像のチェックをする権利を書き込ませた。クリスチャンの死のシーンである。

　ブランド演じるクリスチャンが横たわっている。顔だけが見え、毛布が首まで引きあげられて、その下のやけどの傷を覆っている。顔面は汗にぬれ、煤《すす》だらけで、かっと見開いた眼だけが暗闇に白く光っている。眉が上がり、また下がり、マーロン・ブランドは唇をふるわせて、おれは——フレッチャー・クリスチャンは——死ぬのか、とたずねる。ついさっきまで、彼は頭髪をポマードでかため、香水をふりかけた気取り屋だった。絹のナイトガウンか飾りレースのシャツをまとい、耳にピンクの花をはさんだ、南太平洋のだて男だった。そして練習したイギリス風発音をしょっちゅう忘れては、かんだかい声でしゃべりたて、70ミリフィルムのワイドスクリーンを闊歩していた。「なんのためだったんだ、これはみんな」、とブランドは言う。表情が動きを止め、眼の光が消える。カメラがぐるりと回ると、炎上するバウンティ号がまっ暗な海に沈んでいくところだ。炎のカーテンがまん中で閉じる。世界最高の制作費を投じた映画は終わった。だが、島の歴史は、このとき別の始まりを告げたのだった。

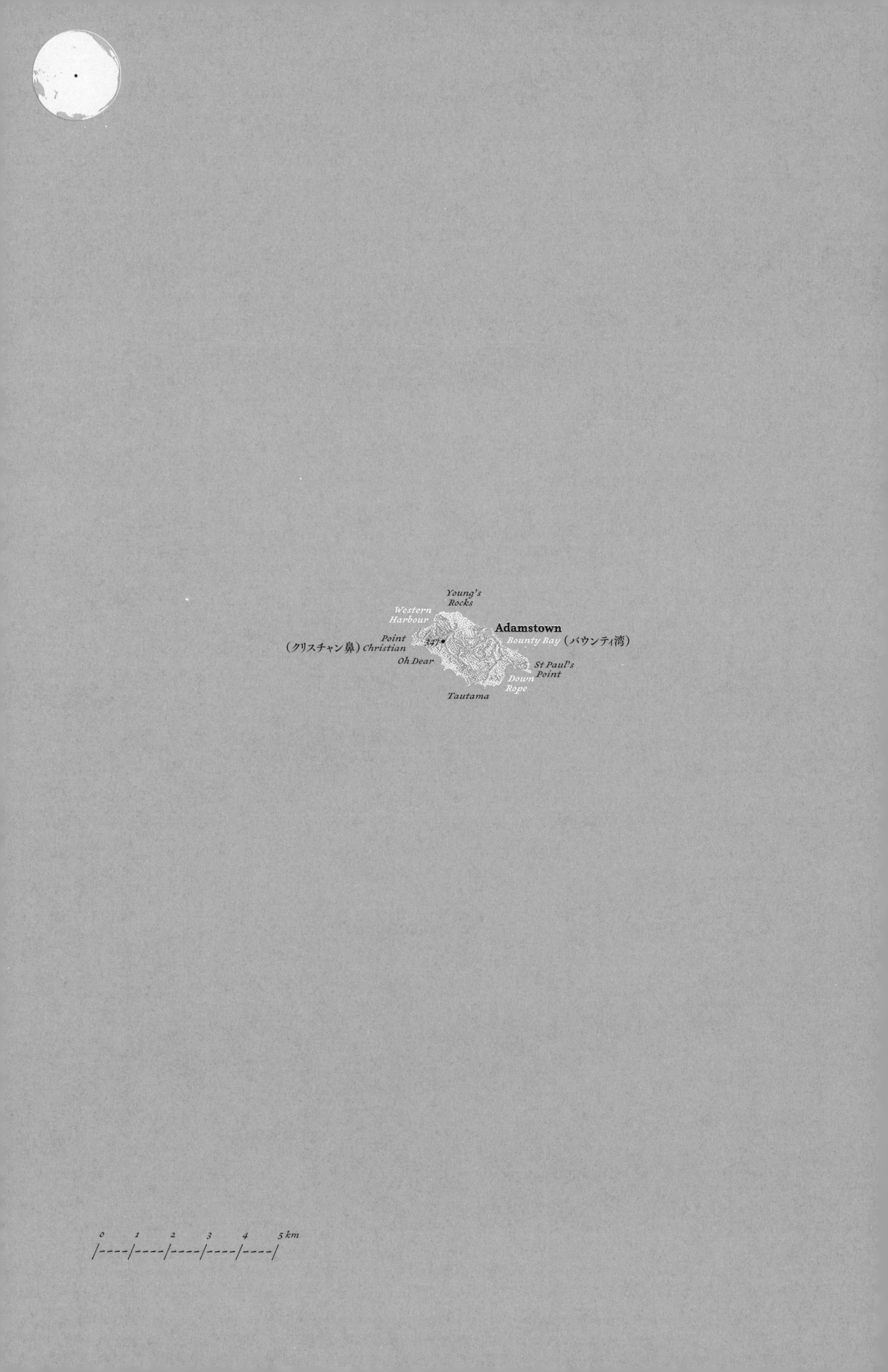
Young's Rocks
Western Harbour
Adamstown
(クリスチャン鼻) Point Christian
347
Bounty Bay (バウンティ湾)
Oh Dear
St Paul's Point
Down Rope
Tautama
0 1 2 3 4 5 km

ロシア語 Semisopochnoi［〈7つの丘を持つ〉］｜アリュート語 Unyax または Hawadax
221.7㎢｜無人
51° 57′ N
179° 38′ E
40

アメリカ合衆国　太平洋

ラット諸島

セミソポクノイ島

1000 1190 km → カムチャツカ半島
1000 1360 km → ニューエンハム岬
850 km → セント・ジョージ島（45）

1500 1600 1700 1800 1900 2000
1741年　ヴィトゥス・ベーリングにより発見
2018〜19年　火山活動活発化

セミソポクノイ——まるで魔法の呪文みたいな名前だ。ロシア語由来の名前だけれど、アメリカの領土。このへんがアメリカ合衆国の最西端にあたるのかもしれないが、厳密に知りたいと思う者は誰もいない。なにしろここには大事なものはなにもないのだ。

人間はいまだかつて住んだことがない。住む理由もないのである。ごく稀になにかの専門家が訪れて、石を集めたり、火口を測量したり、山々の連なるさまを映画を見るようなパノラマ写真に撮っていったりするだけ。ホッキョクギツネが下生えのなかをとことこ走り、めずらしい来島者をじっと見つめる。未知のものを怖がらない。その冬毛は、まじりけなしの深い青だ。

7つの丘の島、という意味のセミソポクノイは、数珠から飛びだした丸い珠、2つの大陸を結ぶゆるい鎖のひとつはずれたピースである。アメリカ大陸という〈新世界〉よりもずっと後に探検された、ここそがほんとうの奥地。

環太平洋火山帯のこのあたりでは、人間がほとんど気づかないところで、地球がひとり言をいっている。人間がいないから人間を脅かしもしないけれど、しょっちゅう噴火が起こるのだ。ケルベルス山、つまり〈冥府の番犬〉がなかでもっとも活発である。3つの峰をしたがえ、まばらに草の生えた山地を見張っている。四六時中雲に覆われている空が、その山肌を紫色に染めあげる。2、3の火口がときたま小さな噴煙をあげるが、ひょっとしたら、それも峰に垂れ込める雲なのかもしれない。

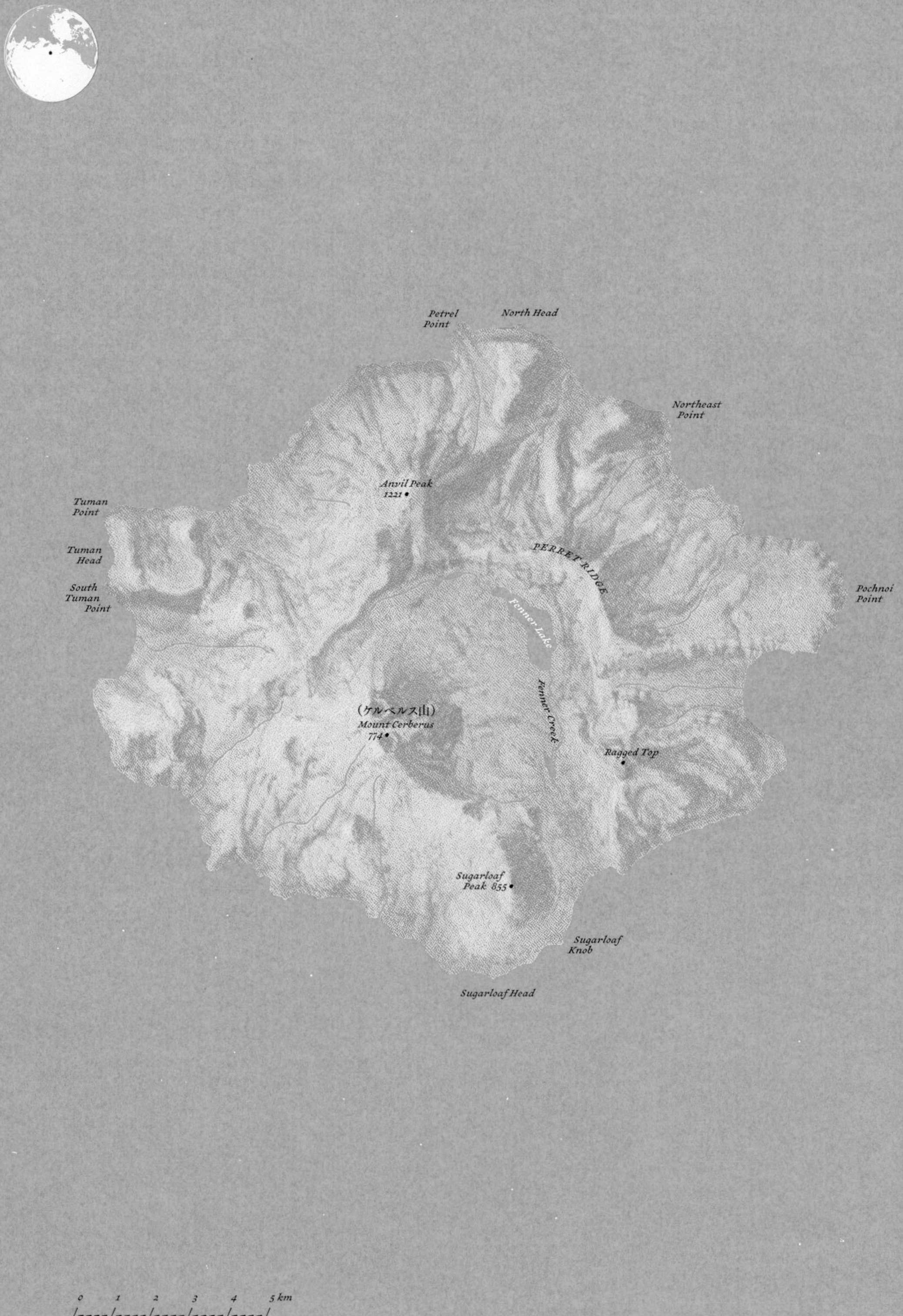

Petrel Point
North Head
Northeast Point
Anvil Peak 1221
Tuman Point
Tuman Head
South Tuman Point
PERRET RIDGE
Fenner Lake
Pochnoi Point
Fenner Creek
（ケルベルス山）
Mount Cerberus 774
Ragged Top
Sugarloaf Peak 855
Sugarloaf Knob
Sugarloaf Head
0 1 2 3 4 5 km

食糧を運んできていたメキシコ、アカプルコからの定期船がとだえた。島に立ち寄ったアメリカの巡洋艦が、知らせをもたらした――世界大戦がはじまった。それにメキシコは革命で混乱状態にある。この島は忘れられてしまったのだ。あなたたちを派遣した政権はすでに失脚している、われわれの船ですぐに撤退しなさい、と。

島には草一本生えない。わずかばかりの椰子の木の下に、やせこけた豚が十数匹いるばかり。かつて持ち込まれた豚の子孫で、この島に何百万匹といる陸ガニを食べて生きていた。カニの繁殖ぶりは、オレンジ色の甲羅を踏みつぶさずには一歩も歩けないほど。総督ラモン・デ・アルノー大尉が島内を歩くときも、きまって足元でグシャリとカニがつぶれた。アメリカ船がやってきたとき、総督はいつものようにハプスブルクのパレード用礼装に身を包み、夫人は優雅なイブニングドレスをまとって、両手と首にダイヤモンドを飾っていた。その日、総督は言明した。「撤退の必要なし。命令は命令である」。駐留隊はとどまった。男14人、女6人、子ども6人。

それっきり、船は来なかった。アカプルコからはおろか、どんなところからも。食糧が枯渇していった。壊血病が発症した。歯茎から出血し、傷が化膿し、筋肉が失われ、四肢が壊死して、心不全を起こす。死者を貪欲なカニから守るために、彼らは墓穴を深く掘った。

そうやって時がたつうち、総督は、海鳥の声にも潮騒にも耐えられなくなった。あるとき沖合に船が見えたと信じ、ボートを出した。だがボートは転覆し、総督もろとも、残っていた兵士全員が溺死してしまう。いまや島に残った男は、たったひとりになった。ビクトリアーノ・アルバレスという、かつて灯台守をしていた男である。アルバレスはみずからを〈クリッパートンの王〉と名乗り、女たちを愛妾にし、強姦し、殺し、2年近く島を支配した。

1917年7月17日、複数の女がアルバレスをハンマーで殺害。顔をぐしゃぐしゃに潰した。奇しくもその日、水平線に一隻の船があらわれた。女と子どもたちが船に向かって手を振るあいだ、新鮮な血の匂いに誘われたカニの群れが、灯台に向かって行進していった。救命艇が〈大洋リン鉱石社〉のかつての船着き場に着き、生き残った女4人は、幼い子らとともに、世界でもっとも孤立した島をあとにした。アメリカ軍艦ヨークタウン号からは、環礁に沿って進むカニのオレンジ色の輪がいつまでも見えていた。

フランス語 Île Clipperton 別名 Île de la Passion［〈受難島〉］| 10° 18′ N 109° 13′ W **41**
1.7㎢ | 無人

フランス 太平洋

クリッパートン環礁

1080 km → メキシコ
2260 km → ガラパゴス諸島
950 km → ソコロ島（43）

1892～97年 〈大洋リン鉱石社〉がグアノ（糞化石）を採掘
1711年4月3日 キリスト受難の日（聖金曜日）にマルタン・ド・シャシロンとミシェル・デュ・ボカージュにより発見

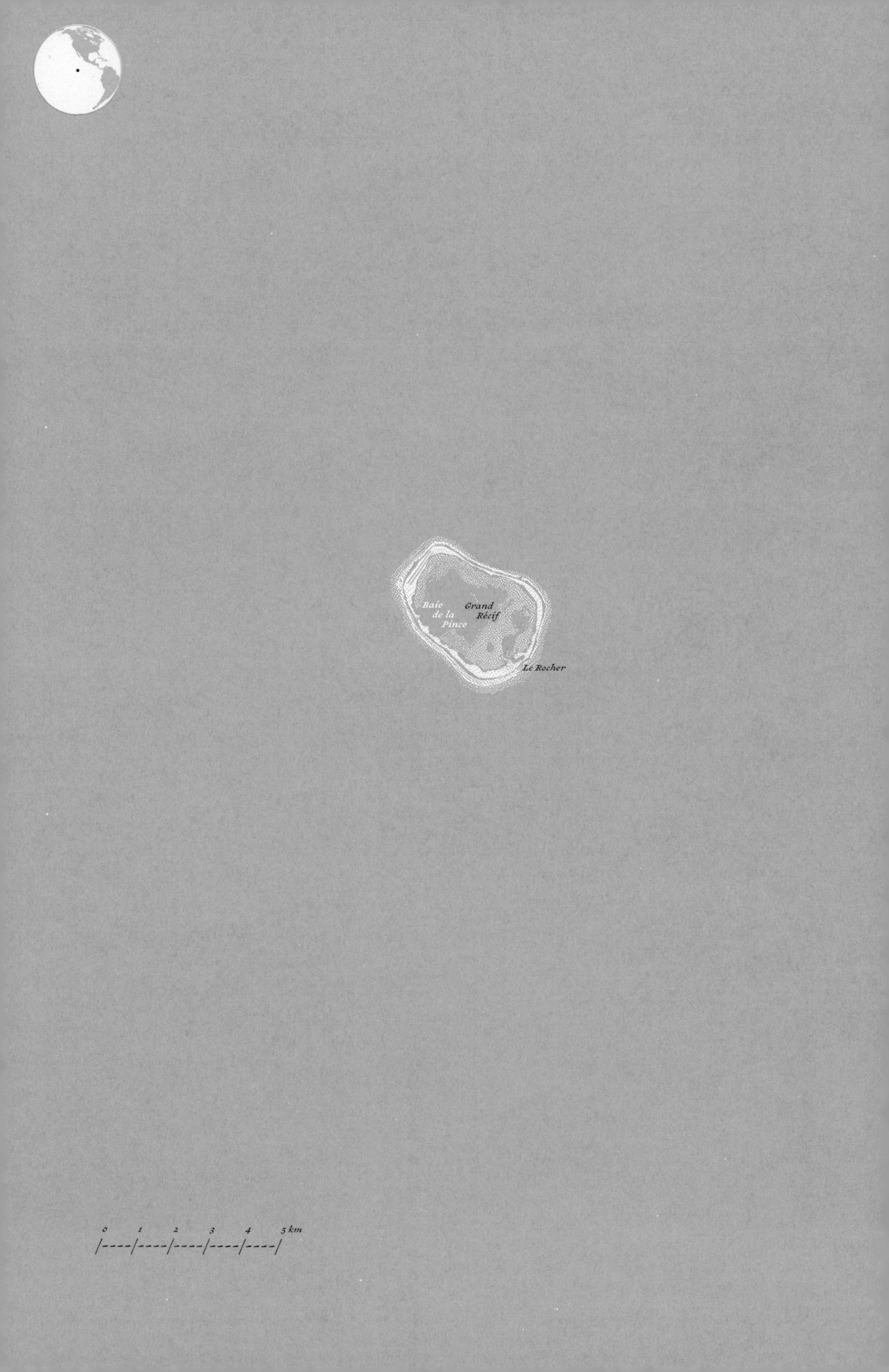
Baie
de la
Pince
Grand
Récif
Le Rocher
0 1 2 3 4 5 km

42
29° 16′ S
177° 55′ W
英語 Raul Island 旧名 Sunday Island［〈日曜島〉］
29.4㎢｜居住者７人

ニュージーランド　太平洋

ケルマデック諸島

ラウール島

910 km → トンガ
980 km → ニュージーランド本土
1370 km → ノーフォーク島（31）

1793年3月18日　ジョゼフ・ブリュニー・ダントルカストーにより発見
1937年　自然保護ステーション開設
1964年11月21日　火山爆発

ニュージーランドの自然保護局は、毎年この無人島に所員1名を12か月の任期で派遣する。そしてその所員の補助として、9人のボランティアが夏期ないし冬期に最長半年間、島に滞在する。とはいえ、「ラウール島のような孤島での生活には、誰もが向いているわけではありません」と、自然保護局のボランティア募集パンフレットは警告を発する。

「この島で生活するには、特別な能力が必要です。男女は問いませんが、参加者には多岐にわたる実務的な才能がもとめられます。仕事は草むしりから道の整備、家屋の修繕からパン焼きまでさまざまです。

〈ラウール島ボランティアプログラム〉は、稀有な亜熱帯エコシステムを有する孤島を実体験できる絶好の機会ですが、反面、さまざまな困難をともなう挑戦的なものでもあります。島は活発な火山地帯にあり、したがって地震が日常的に発生します。地形は急坂で険しく、活動はほとんどに疲労がともない、単調です。主な任務は、たとえば外来の植物を抜いて根絶させることとなります。

いったん現地に入ると、全期間滞在することしかできません。郵便物も、通りかかったニュージーランド空軍機ないし民間船によってごくたまに配達されるのみとなります。最寄りの救急施設まで24時間かかります。

ラウール島ボランティアは、適応能力が高く、ほどほどに冒険心に富み、孤独を苦にしないと同時に、小さなチームで活動することに喜びをおぼえる人である必要があります。

応募者は身体壮健で敏捷であり、道なき叢林も難なく進むことのできる人であること。クライミング経験や手仕事の能力のある人を優遇。

応募は、ニュージーランド、ワークワース市私書箱474、自然保護局まで」。

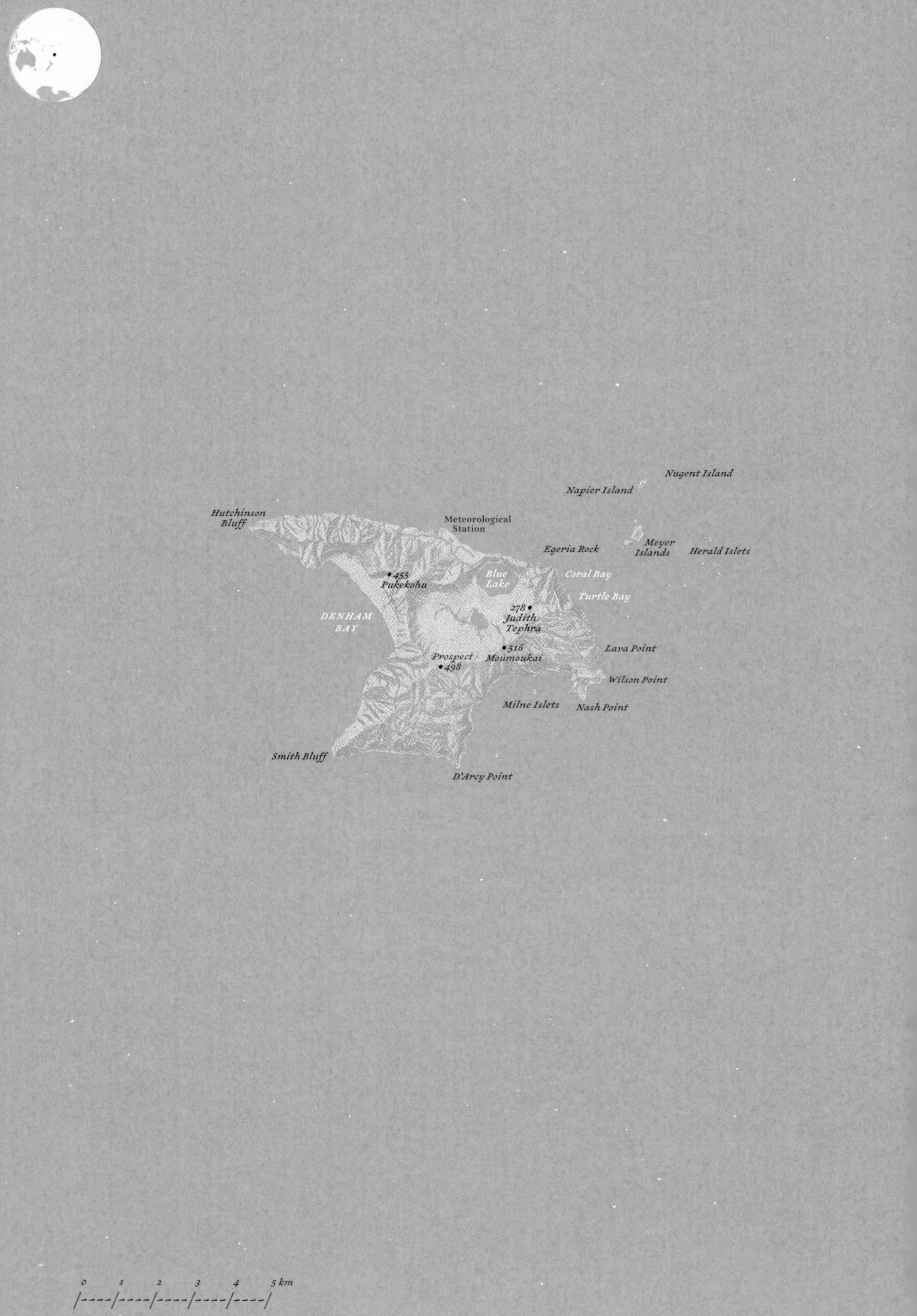
Nugent Island
Napier Island
Hutchinson Bluff
Meteorological Station
Egeria Rock
Meyer Islands
Herald Islets
455
Pukekohu
Blue Lake
Coral Bay
Turtle Bay
DENHAM BAY
278
Judith Tephra
516
Moumoukai
Prospect
498
Lava Point
Wilson Point
Milne Islets
Nash Point
Smith Bluff
D'Arcy Point
0
1
2
3
4
5 km

43

18° 47′ N
110° 58′ W

スペイン語 Socorro 別名 Isla Santo Tomás 旧名 Isla Anublada［〈多雲島〉］
131.9㎢｜居住者 250 人

メキシコ　太平洋

レビジャヒヘド諸島

ソコロ島

50 km → サン・ベネディクト島

460 km → カリフォルニア半島

1000　2000　3000　4000

8460 km → ミッドウェー島（51）

1533 年 12 月 21 日　ヘルナンド・デ・グリハルバにより発見

1957 年　海軍基地建設

1500　1600　1700　1800　1900　2000

1920 年代初頭　ジョージ・ヒュー・バニングが来島

ブレスィト湾に船が滑り込んだとき、島は封鎖された廃屋のような雰囲気を漂わせていた。水は死んだように動かず、濡れた石の浜が、溶岩質の断崖と固い藪の丘の下で冷たく光っている。ちょっと歩いてくると言って夕方に上陸していった乗組員が、なにかよほど侘びしいものでも見たかのように、意気消沈して帰ってきた。

翌日、ジョージ・ヒュー・バニング――このヴェレロII世号の二等航海士だった――は、夜明けとともに島の探索に出立し、干涸らびた土地をひとりで歩いていった。高原で複数頭の羊を発見したが、羊は突然の侵入者の出現に驚いて斜面を駆け下り、繁みのなかに姿を消した。かつて捕鯨船が島に放った小さな群れの、野生化した末裔である。羊たちがどこから水を摂っているのかは謎だった。アメリカ海軍によれば、ソコロ島には水源がないはず。バニングは羊のあとを追い、藪に分け入った。

そこは数メートルの高さの茨、裂けてすさまじい姿になった木の幹、枯れた葡萄の蔓が絡みあう迷路だった。一歩踏みだすたびにガサガサ、バキバキと音がし、そのたびに擦り傷ができ、突きを食らう。一歩よろめけば、サボテンの棘がくるぶしやふくらはぎや手に突き刺さる。バニングはみっしり繁った藪の下を何度も這いつくばってくぐり、ウチワサボテンの棘だらけの茎節をくり返しまたいでいった。

やがて、羊もここまでは来そうにないというような、とてつもなく深い繁みに入った。バニングはまわりを見まわした。これはもう森どころではない、ジャングルだ。折り重なった頭上の葉むらからは、一条の光も射し入らない。とこしえの薄暗がりにひたされた場所だ。太い枝に大蛇が何匹も絡みついているように見え、葉を落とした枯れ木は苦悶する生き物のようだった。グロテスクな化け物が四方から迫ってくる。地獄があるならこんなところに違いない。

踏み込んだ迷路のなかで自分の分身にすら出会いそうな感覚が起こったとき、バニングは、動転して短剣を取りだし、恐怖に駆られ、あわを食って走りだした。途中あらゆるものを踏みしだき、絡まる藪と闘いながら原始林を抜けていった。ようやく広々とした場所に出たとき、息も絶え絶えで、全身傷だらけになっていた。

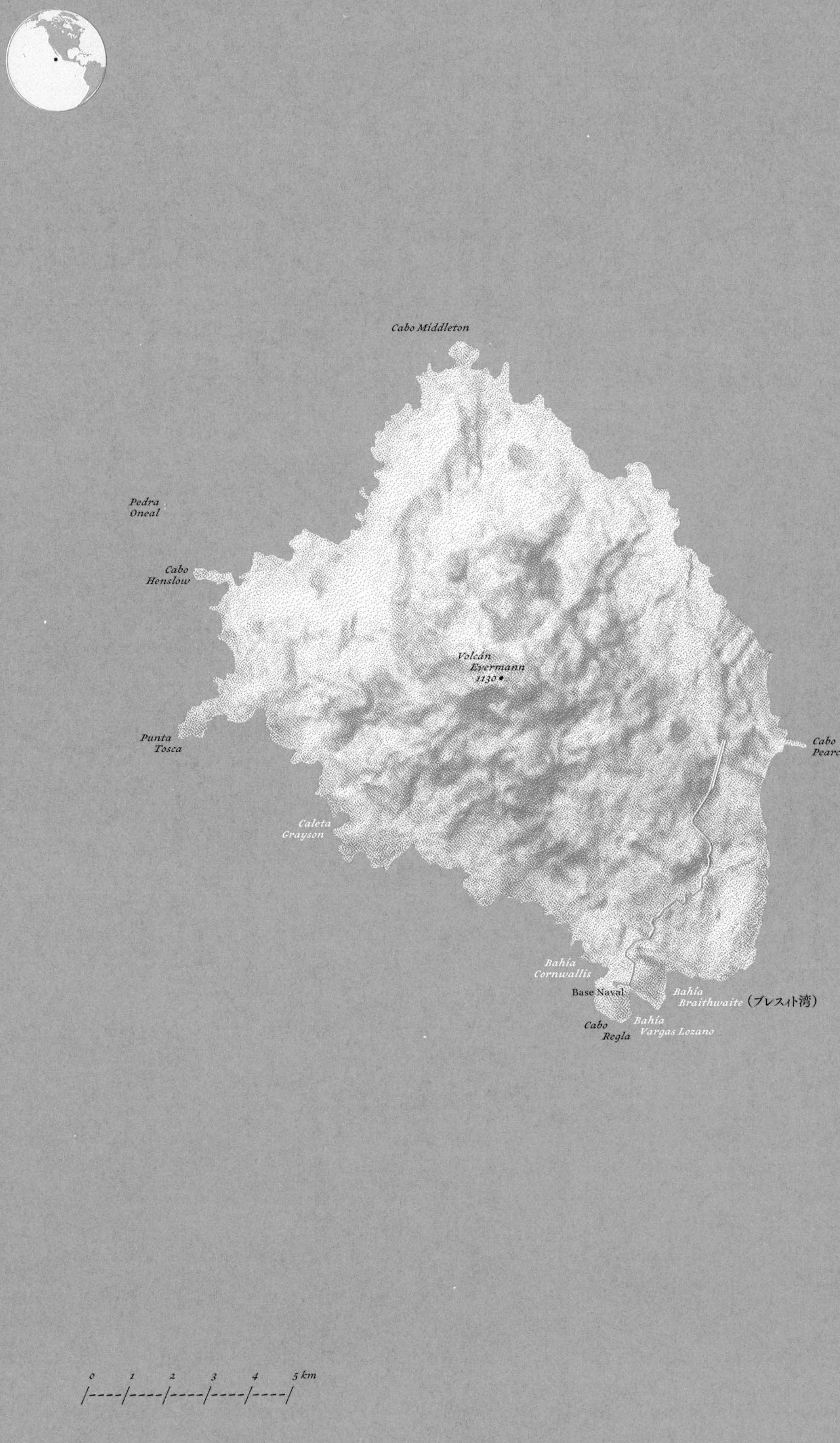
Cabo Middleton
Pedra
Oneal
Cabo
Henslow
Volcán
Evermann
1130
Punta
Tosca
Cabo
Pearce
Caleta
Grayson
Bahía
Cornwallis
Base Naval
Bahía
Braithwaite（ブレスィト湾）
Cabo
Regla
Bahía
Vargas Lozano
0 1 2 3 4 5 km

水平線はかしぎ、空は曇っていた——雲によってか、それとも爆発した地雷や砲弾の煙によってか。
摺鉢山《すりばちやま》の頂上で、6人の兵士が、星条旗のついた旗竿を瓦礫のなかに差し込み、力いっぱい上へ持ちあげて掲揚した。顔の見えないその群像は、たがいに助け合っていた。右端の兵士が旗竿の根元に腰をかがめ、左のいちばん端では、もうひとりがたったいま手から竿を宙に放ったところ。ジョー・ローゼンタールがシャッターを押した。1945年2月23日の、400分の1秒間のことである。これが史上もっとも有名な戦場写真となった。

　彼らは戦場で、はるかな故国の旗のために命をささげている。青と白と赤、星と条《しま》の旗への誓い——それは演出された勇気であり、国民の統合のための哀しい行為だった。

　アメリカ軍は島でいちばんの高地、摺鉢を伏せた形の乾いた火砕丘を占拠した。海抜169メートルのその山を南端に持つちっぽけな島が、にわかに戦略上の重要拠点になったからである。この島を不沈空母として、今後ここから爆撃機を離着陸させる、その滑走路のためならこの小島は充分に広く、しかも敵の本土に近い。

　それは、早まって勝利を宣言した写真だった。

英語 Iwo Jima 別名 Sulphur Island［〈硫黄島〉］
23.7㎢｜居住者 400 人

24° 47′ N
141° 19′ E

44

日本　太平洋

火山列島

硫黄島

1250 km → 東京

1950 km → 台湾

3140 km → アトラーソフ島（29）

1945 年 2 月 19 日～3 月 26 日　硫黄島の戦い

1968 年　日本に返還される

なぜなら島はまだ征圧されたわけでなく、硫黄島《いおうとう》の戦いにアメリカ軍はまだ勝ってはいなかったからである。敵軍は火山質の山腹に潜み、地下陣地からつぎつぎに手榴弾を投げつけてきた。しかし1000個の人工洞穴からつくられた日本軍の地下迷路は、最後には、その兵士2万人の墓所となった。

　くだんの写真のフィルムは、グアム島に空輸され、戦時スチール写真記者団本部で現像された。聖画像が着目されるまで、1日を要さなかった。写真は立像さながらに縦長にトリミングされ、テレタイプで故国に送られた。たちまちありとあらゆる日曜新聞の一面を飾り、数か月後には切手にデザインされ、そして10年後には、ワシントン近郊のアーリントン国立軍人墓地で、世界最大のブロンズ記念像になった。大理石の台座に立つ兵士たちは、高さ24メートルある。

　それからというもの、感情を昂揚させるこうしたイメージが、あらゆる戦いの定番となった。そのひとつに、ニューヨークの消防士が3人、9月の粉塵舞う廃墟で星条旗を掲揚している写真がある。摺鉢山は、グラウンド・ゼロになったのだ。

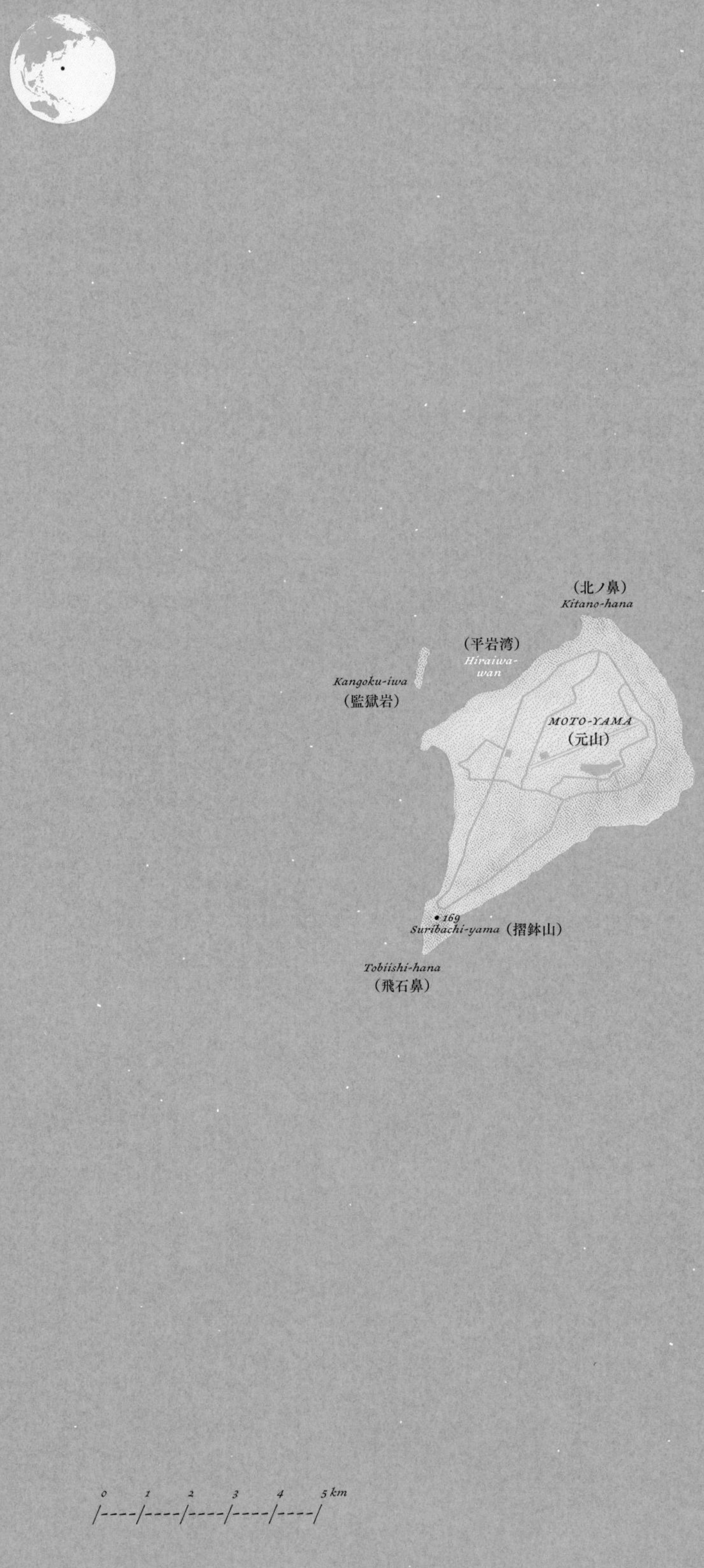
（北ノ鼻）
Kitano-hana
（平岩湾）
Hiraiwa-wan
Kangoku-iwa
（監獄岩）
MOTO-YAMA
（元山）
169
Suribachi-yama（摺鉢山）
Tobiishi-hana
（飛石鼻）
0 1 2 3 4 5 km

45

英語 St. George Island
90㎢｜住民 101 人
56° 35′ N
169° 36′ W

アメリカ合衆国　太平洋・ベーリング海

プリビロフ諸島

セント・ジョージ島

1240 km →アンカレッジ

1630 km →カムチャツカ半島

4260 km →孤独（ウエジネニア島）（01）

1741 年　ゲオルク・ヴィルヘルム・シュテラーがカイギュウについて記録

1786 年　ステラーカイギュウ絶滅

1786 年 6 月 25 日　ガヴリイル・プリビロフにより発見

その姿は奇妙であるとともに壮麗だ。この島の周辺、この太平洋の北の最果てに、寒冷適応型のカイギュウ（海牛）、ステラーカイギュウがおそらく間違いなく生息していた。その生きた姿を目撃したのはゲオルク・ヴィルヘルム・シュテラー（ステラーとも）と、そしてその後この海獣を乱獲し、絶滅させてしまうハンターたちだけ。現在残存するのは、数頭分の骨格、2枚の毛皮、シュテラーの報告のみである。ヴィトゥス・ベーリングの第二次カムチャツカ探検隊に加わったシュテラーが、船の難破がもとでこの海獣を発見し、記録したのだった。

　ステラーカイギュウが属するジュゴン目ないしカイギュウ目は、ラテン語でシレニア *Sirenia* といい、ギリシャ神話に出てくる海の妖女セイレンをその名の由来に持つ。なるほど、先が割れた尻尾と2つの乳頭があるカイギュウは、人魚のように見えなくもない。シュテラーは書いている。「数センチの厚みがある皮膚は、オークの古木の樹皮のような肌触りがする。背中には毛がなく、黒くすべすべしており、首筋にはしわがたくさんある。前肢は矮化《わいか》して、ひれ状である。頭部はいかなる動物にも似ていない。小さな四角い頭が、首がなくそのまま巨大な胴体に乗っている。鼻の穴は馬の鼻孔に似ており、耳は小さな穴が2つ開いているのみ、まつげのない目は、羊の目ほども大きくない。目の虹彩は黒く、瞳孔は黄みをおびた青である。

　口には歯がなく、咀嚼《そしゃく》のための上下2枚の角質板で海藻をすりつぶす。カイギュウは飽くなき食欲の持ち主であって、海岸の近くでやすみなく海藻を喰みつづける。そのさい巨大な図体の半身を海面から突きだし、よくそこにカモメがとまって背中の虫を食べているが、これが害虫駆除になる。4、5分に1回、海面に浮上し、やかましい音を立てて呼吸する。ようやく満腹すると、腹を上にしてひっくり返り、波にまかせて漂っていく。

　この海獣は、天候の穏やかな、静かな春の日の晩方を選んでつがう。「人間とおなじしかたである。オスが上になり、メスが下になる」、とシュテラーは記している。2頭がかわるがわる相手を抱きしめる。

　元来がおとなしい動物である。「大きな苦痛が身に起こったとき、彼らはただ岸辺から離れていくのみである。だがじきにそれを忘れて、また戻ってくる」。陸のすぐそばまで寄ってくるので、撫でてやることもできるが、殺すことも容易である。カイギュウは物をいわない。ただ傷ついたときだけ、みじかく、吐息をもらす。

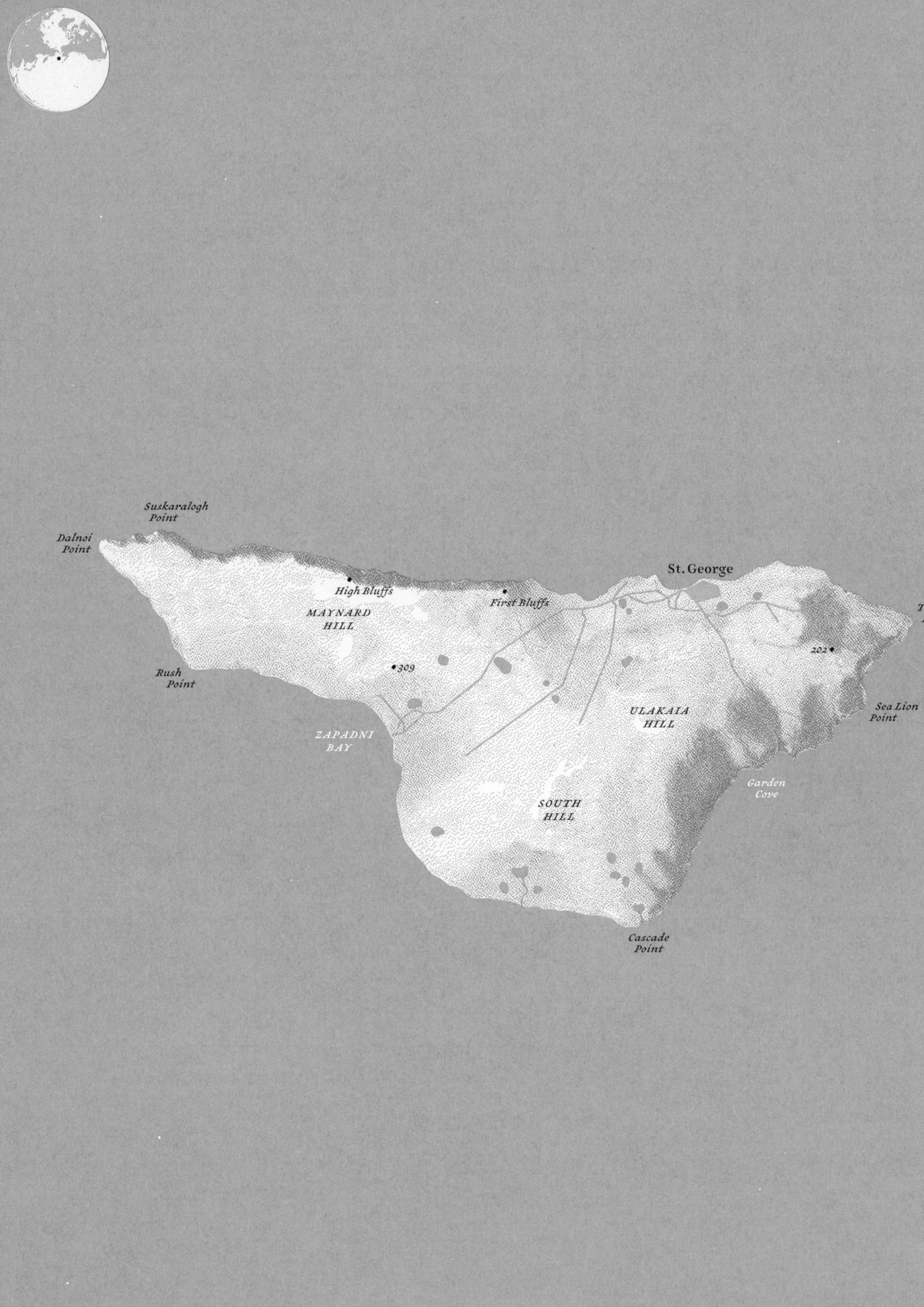
Suskaralogh Point
Dalnoi Point
High Bluffs
First Bluffs
St. George
MAYNARD HILL
309
Rush Point
ZAPADNI BAY
ULAKAIA HILL
Tolstoi Point
202
Sea Lion Point
Garden Cove
SOUTH HILL
Cascade Point
0 1 2 3 4 5 km

46

ティコピア・アヌータ語 Tikopia
4.7㎢ | 住民 1285 人
12° 18′ S
168° 50′ E

ソロモン諸島　太平洋

サンタ・クルーズ諸島

ティコピア島

３０００年前から人が暮らしている。島のまん中にいても潮騒が聞こえるほどの、まことに小さな島だ。ティコピア島民は、淡水と海水の入りまじった湖で魚を獲り、海から甲殻類を獲る。作物はヤムイモ、バナナ、沼地にできる巨大なタロイモ。そして飢《き》饉《きん》に備えて、パンノキの実を地中に埋めておく。それで１２００人分の食糧がまかなえる——が、それ以上はむずかしい。

サイクロンやきびしい旱魃《かんばつ》のために作物が壊滅すると、島民の多くはさっさと死ぬことをえらぶ。未婚の女は首を吊るか、沖に向かって泳いでいく。父親たちは息子を連れ、屋根のないカヌーで海に出て、それっきり戻らない。陸でじわじわと飢え死ぬよりも、外海で死ぬことをよしとするのである。

毎年毎年、４つの部族の首長が、人口が増えないことが理想なのだ、と説法する。一家族の子どもたちすべてが、所有する土地の実りで生きていけなければならない。したがって、次の家族を築いてもよいのは長男のみである。ほかの弟姉妹は独身を守り、悦楽のいとなみのさいには子をなさないよう注意する。男は義務として、受胎を防ぐためにまぐわいを途中でやめ、女は——それでも孕んでしまったら——産み落とす前に熱した石を腹に当てる。

長男が結婚できる年齢に達すると、両親は子づくりを止める。できたときには、夫が妻にこうたずねる。「それはだれの子だ、その子のためにわしが畑から食べ物を取ってこなければならないのは？」。子どもが生きのびてよいか否かは、夫が決める。「農園は小さい。わしらはその子を殺そう。生きていても、その子の畑はないのだから」。生まれた子は自然に窒息死するように、顔を伏せて寝かされる。この子どもたちには葬儀を出さない。ティコピアでは、この子らはまだ生の域に入っていないからである。

210 km → ヴァニコロ島

1000　1100 km → フィジー

1000　1250 km → ヌクラエラエ環礁（50）

1500　1600　1700　1800　1900　2000

1606 年　ペドロ・フェルナンデス・デ・キロスにより確認

1928〜29 年　レイモンド・ファースがはじめて調査に入る

2002 年 12 月　サイクロン〈ゾーイ〉により大被害を受ける

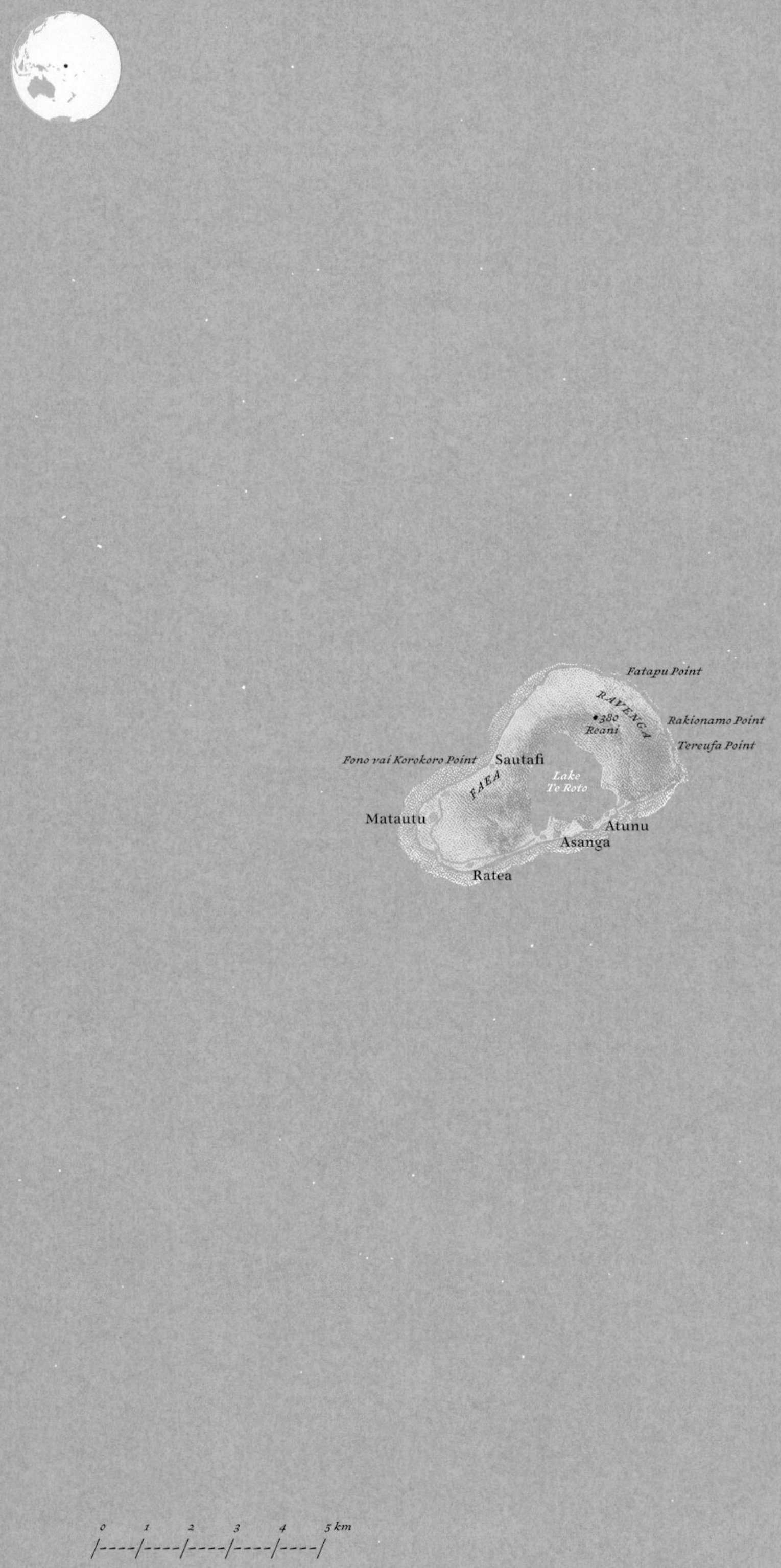
Fatapu Point
RAVENGA
•380
Reani
Rakionamo Point
Tereufa Point
Fono vai Korokoro Point
Sautafi
Lake
Te Roto
FAEA
Matautu
Atunu
Asanga
Ratea
0 1 2 3 4 5 km

パガン島

マリアナ諸島

アメリカ合衆国　太平洋

47　18° 07′ N　145° 46′ E

チャモロ語 Pågan｜英語 Pagan Island｜スペイン語旧名 San Ignacio
47.2㎢｜住民 7 人

310 km → サイパン島

1000　2000　2670 km → マニラ

870 km → 硫黄島（44）

1500　1600　1700　1800　1900　2000

1669 年　ディエゴ・ルイス・デ・サン・ビトーレスにより確認

1981 年　火山噴火のため全島避難

2015 年　帰島プログラム発足

太平洋プレートがフィリピン海プレートの下にもぐり込み、マリアナ海溝が地球に恐ろしく深い淵を開けているところは、海中に山脈が走っているところでもある。いわば世界の最高峰が海の中に沈んでいるわけで、その山脈の先端は煙をあげる火山となって、海面から顔を出している。

それらの火山の2つがつくったのが、パガン島である。細い地峡が2つを結んで、ひとつの島にしている。いちばん狭いところは数百メートルの幅しかない。

北部のパガン山のふもと、三日月形の湾のそばに、ショムションという村があった。住民は島からの避難を求めていた。しばらく前からパガン山頂に噴煙があがり、地震が頻発していたからである。ところがこの要望は無視された。火山は危険な状態にはない、とされたのだ。

1981年5月15日の金曜日、噴火が起こった。山は火を吐き、石を飛ばし、溶岩を噴出させた。灰が降り、硫黄と焼け焦げた土の臭いがした。ショムション村の高床式家屋はぐらぐら揺れ、灼熱の溶岩流が椰子の林を通って、かすかなパチパチという音をさせながら近づいてきた。村長がかろうじて無線でしらせた。

「溶岩が来た！　救助たのむ！」。53人の村民は海へ逃れ、舟着き場まで泳いで舟に乗り、手で漕いで島の南部にたどりついた。そして山の尾根の裏に隠れ、灼熱の川がどうぞここまで来ませんように、と祈った。頭上の空は煤のようにまっ暗だった。

発見されたのは奇跡だった。日本の貨物船が乗せてくれた。彼らはサイパン島の病院近くであたらしい人生をはじめたが、コンクリートの住宅に暮らしながら、島をなつかしむ気持ちは募っていった。

天気がよく、船の便があるときは、村民は数週間ないし数か月にわたりパガンに帰島する。ブリキで葺《ふ》いた小屋に暮らし、ヤシガニやイノシシを捕まえ、魚を獲りに行く。

狩りに出ると、ときどき臆病な茶黒の鳥に出会う。その鳥は、いまなお温かい火山土によって卵を孵化《ふか》させている。

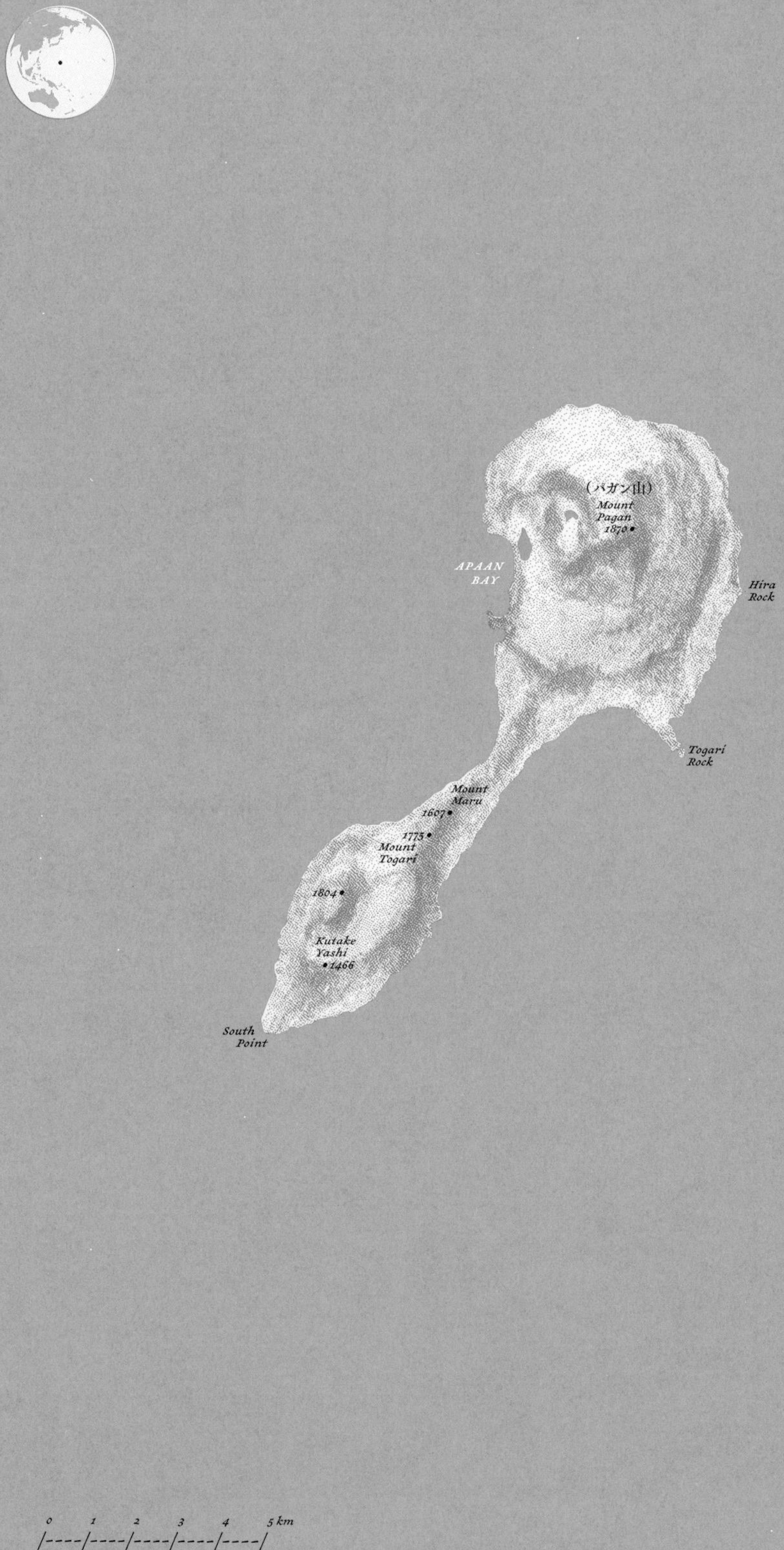

(パガン山)
Mount Pagan
1870
APAAN BAY
Hira Rock
Togari Rock
Mount Maru
1607
1775
Mount Togari
1804
Kutake Yashi
1466
South Point
0 1 2 3 4 5 km

48

コスタリカ　太平洋

ココ島

スペイン語 Isla del Coco　|　5° 32′ N 87° 04′ W
23.9㎢　|　無人

550 km → プンタレナス

1000 km → コロンビア

2500 km → クリッパートン環礁（41）

1526年　フアン・カベサスにより発見

1897年11月11日　アウグスト・ギスラー、島の総督となる

1つの島、2枚の地図、3つの財宝。アウグスト・ギスラーは、黒旗をはためかせた海賊船がこの島に埋めたといわれる財宝が、かならず掘りだせると信じていた。エドワード・デイヴィスが奪った宝、ベニート・ボニートが奪った獲物、そしてリマの宝と呼ばれる教会の財宝で、純金の等身大マドンナ像。

ドイツ、レムシャイトの工場主の息子として生まれたギスラーは、紙工場の社長を継ぐよりも、船乗りになることを選んだ。地図に描かれた×印をしげしげと眺め、宝のありかの描写をつらつらと読んだ。「ワフェル湾の最北端、三つ尖り岩の足元の小さな洞窟のなか、満潮線から60メートル奥」。その場所におもむいてはじめて地面をスコップで掘ったとき、そしてそこに湿った土しか見つけられなかったとき、ギスラーは32歳だった。明るい色の眼をし、あご一面にひげを蓄えた大男。ギスラーはつぎからつぎへと穴を掘った——くるぶしが地下水に浸るほど深く、中に船が何艘も埋まるほど広く。だがたとえ船は埋められても、彼の夢は埋められなかった。

港のあやしげな酒場で、ギスラーはさらに地図を何枚か買った。海賊たちが孫に伝えたものというふれこみだった。前とおなじ×印もあれば、新しいのもある。黒っぽい粘土質の地面に、ギスラーはまた新しい穴を掘った。つるはしとスコップでどんどん大きな円を描きながら。故国に対しては株券を発行して、みずから設立した〈ココ・プランテーション会社〉に金塊の島のための投資をつのった。彼のあとを追って、ドイツから6つの家族とギスラーの妻が入植した。熱帯雨林のあちこちの入江に居を定め、丸太小屋を建て、コーヒー、煙草、さとうきびを栽培し、そして掘って掘って掘りまくったが、なにも見つからなかった。

3年後、島はまたギスラー家だけになった。隠された財宝の支配者は、また彼ひとりになったのだ。見つけるよりも探すことのほうが幸いである、とギスラーは思った。ひとつ空の穴を掘ったことは、ほかの場所に財宝があることをより確実にしたにすぎない。このおよそ２４００ヘクタールの土地のどこかに。

１９０５年、そこらじゅうを掘り返した島を永久にあとにしたとき、ギスラーのひげは腰まで達していた。16年が失われていた。発見したのは30枚のダカット金貨、金の手袋片一方、それっきり。１９３５年8月8日にニューヨークで死ぬ直前、ギスラーはなお語っていた。「間違いない、あの島にはものすごい財宝が埋まっている。しかし掘りだすには時間も金もたくさんかかる。俺が若けりゃ、もう一度はじめからやり直すんだが」。

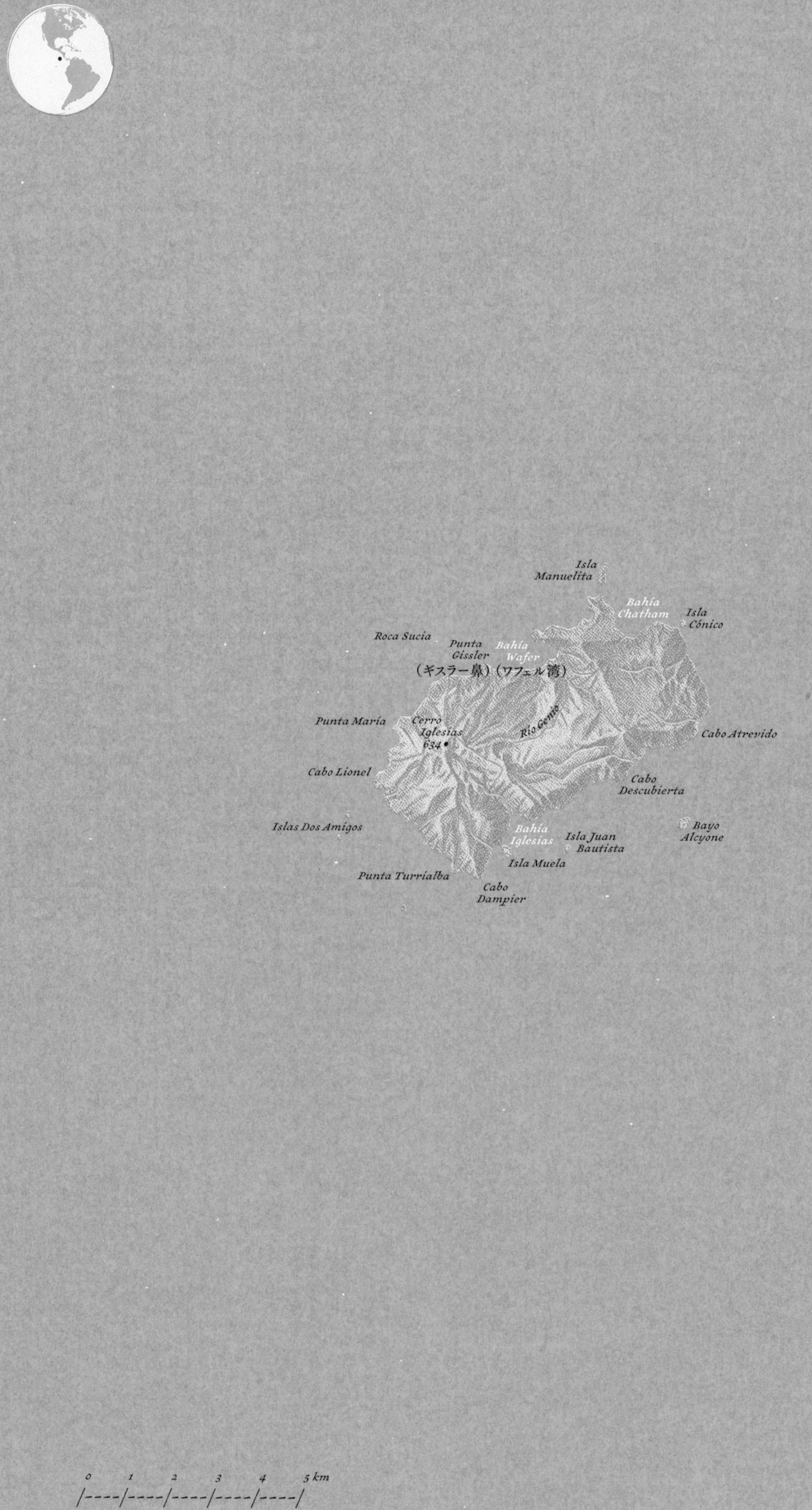
Isla
Manuelita
Bahía
Chatham
Isla
Cónico
Roca Sucia
Punta
Gissler
Bahía
Wafer
（ギスラー鼻）（ワフェル湾）
Punta María
Cerro
Iglesias
634
Río Genio
Cabo Atrevido
Cabo Lionel
Cabo
Descubierta
Islas Dos Amigos
Bahía
Iglesias
Isla Juan
Bautista
Bayo
Alcyone
Isla Muela
Punta Turrialba
Cabo
Dampier
0 1 2 3 4 5 km

タウー島

パプア・ニューギニア　太平洋

49

タウー語 Tauu 別名 Takuu｜英語別名 Mortlock Islands または Marqueen Islands｜4°45′S 156°59′E
1.4㎢｜住民316人

220 km ―→ ブーゲンヴィル島
510 km ―→ ニューブリテン島
1280 km ―→ ピンゲラプ環礁（37）

1795年11月19日　ジェームズ・モートロックにより視認
1500　1600　1700　1800　1900　2000

ダイバーや考古学者なら誰しも夢想する幻の大陸、アトランティス。そのアトランティスはナマコの見た夢にすぎない、と主張する人たちがいる。ナマコ、そう、あのぶかっこうな海の生き物のことだ。タウー島の沿岸にも生息するナマコは、海の底でやわらかい海泥をあちこちと耕している。そして、降りつもった堆積物を食べて消化してまた這いずっていく、というみずからの存在のしかたにすっかり倦んでしまい、〈海に沈んだ大陸〉というあの運命的な伝説を考えだした、というのだ。ナマコの考えだしたその伝説が、太古の記憶としてか、あるいは未来の幻像としてか、人間の想像力のなかでいつまでもくすぶっているのだという。

　タウー島にも未来はない、という予言がなされてもう久しい。海面が上昇をつづけている、海が陸を侵食していく、ココヤシが根こぎにされ、地下水が塩辛くなり、収穫できるはずの作物は腐ってしまう、ほどなく島は沈むだろう、と。撮影チームや研究者や役人がつぎつぎとやって来て、浸食が進んでいるという西海岸の写真を撮っていく。ココヤシの切り株をコンクリートで固めた土手や、珊瑚の瓦礫や木の枝やゴミを詰め込んだ目の粗い網でできた袋を並べた土手の写真を。そして人々は脳裡に思い描く――ひとたび巨大な津波が来て島を呑み込んだら、ここはいったいどんな風景になるのだろうか、と。

　だがいかなる沈没の予言にもかかわらず、タウー島はいまのところ沈んでいない。強い北西風が吹きつけて大量の雨を降らせるテ・ラキのシーズンはたしかに年々早まり、しかもいつまでも続くようになった。激しい波は海べりの砂を運び去り、出稼ぎのために男たちが出て行ったあと島に残されたわずかの男たちは、しょうことなしに東海岸の岩礁の上から魚を獲っている。

　天候よりもなお予測できないのが、いつ船がやってくるかだ。1年に2度以上来ることはめったにない。船がタウーの沖合に錨を降ろすやいなや、漁は休みになる。再開は、船が運んできた米や小麦をすべて食い尽くしてからだ。

　黒白のナマコはオントンジャワ環礁にある市場で売られ、住民は儲けた金で子どもの学校の授業料や船外機の燃料代を支払う。発電機やファイバーグラスのカヌーを購入し、あるいはモーターボートをチャーターして、危険を承知でバクーへと渡る。天気がよければだ。天気はうそをつかない。予報や予言とはちがって。

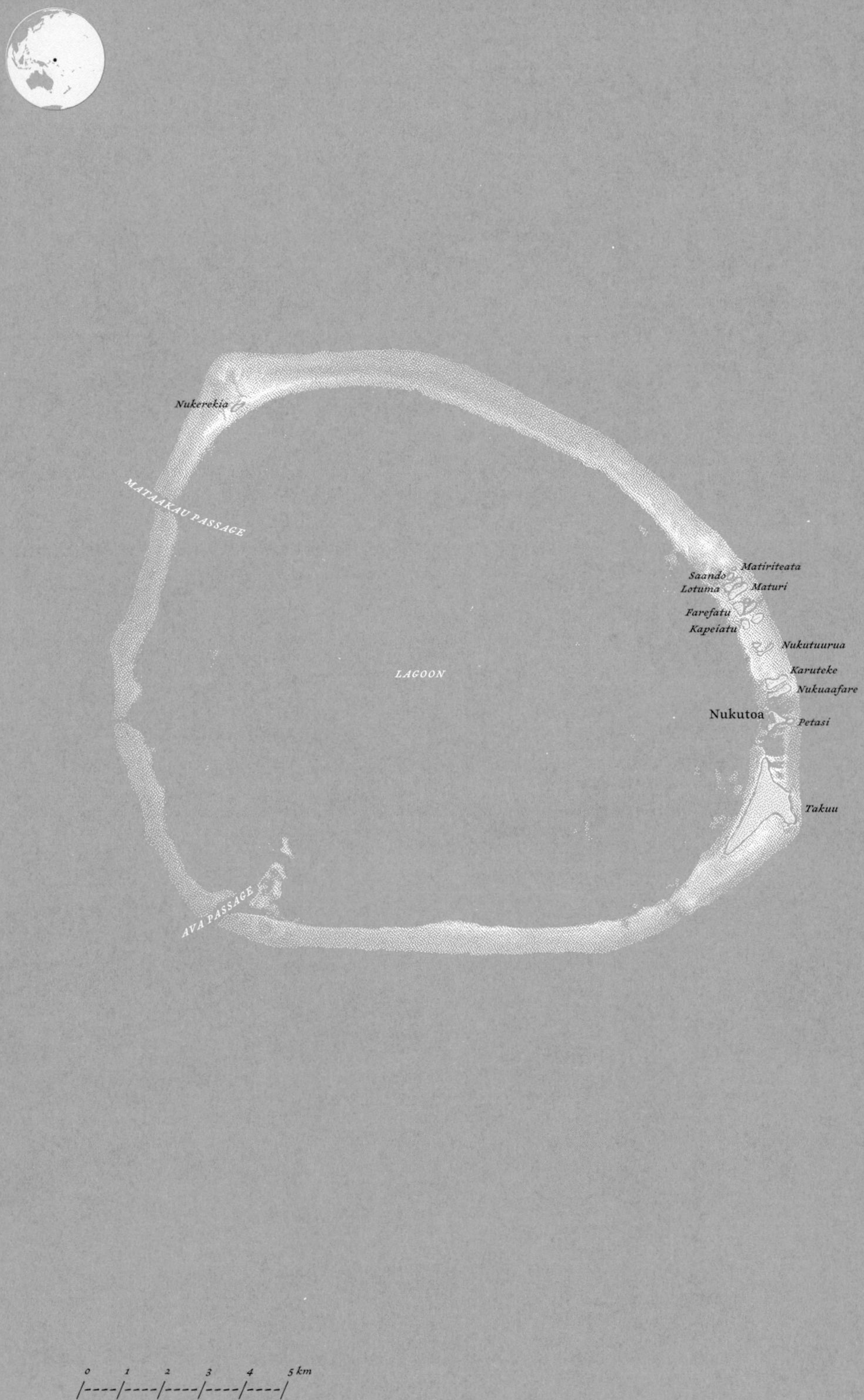

Nukerekia
MATAAKAU PASSAGE
LAGOON
Matiriteata
Saando
Lotuma
Maturi
Farefatu
Kapeiatu
Nukutuurua
Karuteke
Nukuaafare
Nukutoa
Petasi
Takuu
AVA PASSAGE
0
1
2
3
4
5 km

１８６３年５月末、礁湖《ラグーン》の手前に２艘の帆船が錨を降ろした。乗っていたよそ者たちは、実入りのいい仕事があると島民に持ちかけた――ほかの島に行ってココナッツのプランテーションで働くか、カリフォルニアの金鉱で働かないか、と。しかしヌクラエラエの島民は耳を貸さなかった。２年前に漂着したキリスト教の宣教師がいずれ司祭を島に連れてくるという約束をしてくれていたので、司祭の到来を首を長くして待っていたのだ。外来者たちが、自分たちは神さまの話をもっと聞ける場所に連れていってやると言ったときにはじめて、元気のある者たちがこぞって船に乗った。浮子《うきこ》のついた自前のカヌーで漕ぎ出る者もいれば、自力でさっさと泳いでいく者もいた。そうして島民たち――女も男も子どももいた――は帆船に乗った。葉っぱのスカートを腰に付けたまま。

２か月の船旅を生きのびることができた数百人がわれに返ったとき、彼らはペルーの沖合、チンチャ諸島で糞化石《グアノ》の採掘をしていた。そして自分が生まれてきたことを呪ったのだった。暑く乾いた気候により固まった鵜《う》の糞は、イギリスの蕪《かぶ》畑にとってはまさに神の恵みのごとき肥やしとなったが、採掘の現場では、立ち昇るアンモニアガスが、南太平洋の島々や中国の港町から拉致されてきた人々の目や気道を悪魔のごとく激しく刺激し

Nukulaelae［〈砂の土地〉］旧名 Mitchell's Group | 9° 23′ S 179° 51′ E
1.8㎢ | 居住者 300 人

50

ツバル　太平洋

ヌクラエラエ環礁

1000　1530 km → バヌアツ

120 km → フナフティ

1000　2000　2580 km → タウー島（49）

1500　1600　1700　1800　1900　2000

1863年　奴隷商人が島民の3分の2を連れ去る

1865〜90年　環礁内のニウオコ島にドイツのココナッツプランテーション造営

1972年　サイクロン〈ベベ〉が襲う

た。人々は、死に怯えながら、先細《さきぼそ》つるはしとシャベルで骨のように白い丘の層を砕き、手押し車で１日に１００杯、糞化石を岩礁近くの貯蔵所に運ばなければならなかった。もうもうと立つ土煙でろくに見えなかったが、波間に沈まず積み込まれた怖ろしくも肥沃な積荷は、水平線のはるかなたに消えたあと、やがて艀《はしけ》に載せられ、年間何十万トンがイギリスのリヴァプールに運ばれたのだった。――ひょっとしたら、それらの船の一隻は、どこかでハンブルクのJoh. Ces. ゴーデフロイ商会の商船とすれ違っていたかもしれない。１８６５年５月、人口の激減したヌクラエラエの島々に待望の司祭を連れてきたのが、この商船だった。

船長はドイツ人だった。そしてその船長は、島に残っていた数少ない島民から、環礁で最大の島を借り受け、そこにココナッツプランテーションを造った――胡散臭い契約書が交わされ、ついでサモアから出稼ぎ労働者たちがやってきた。

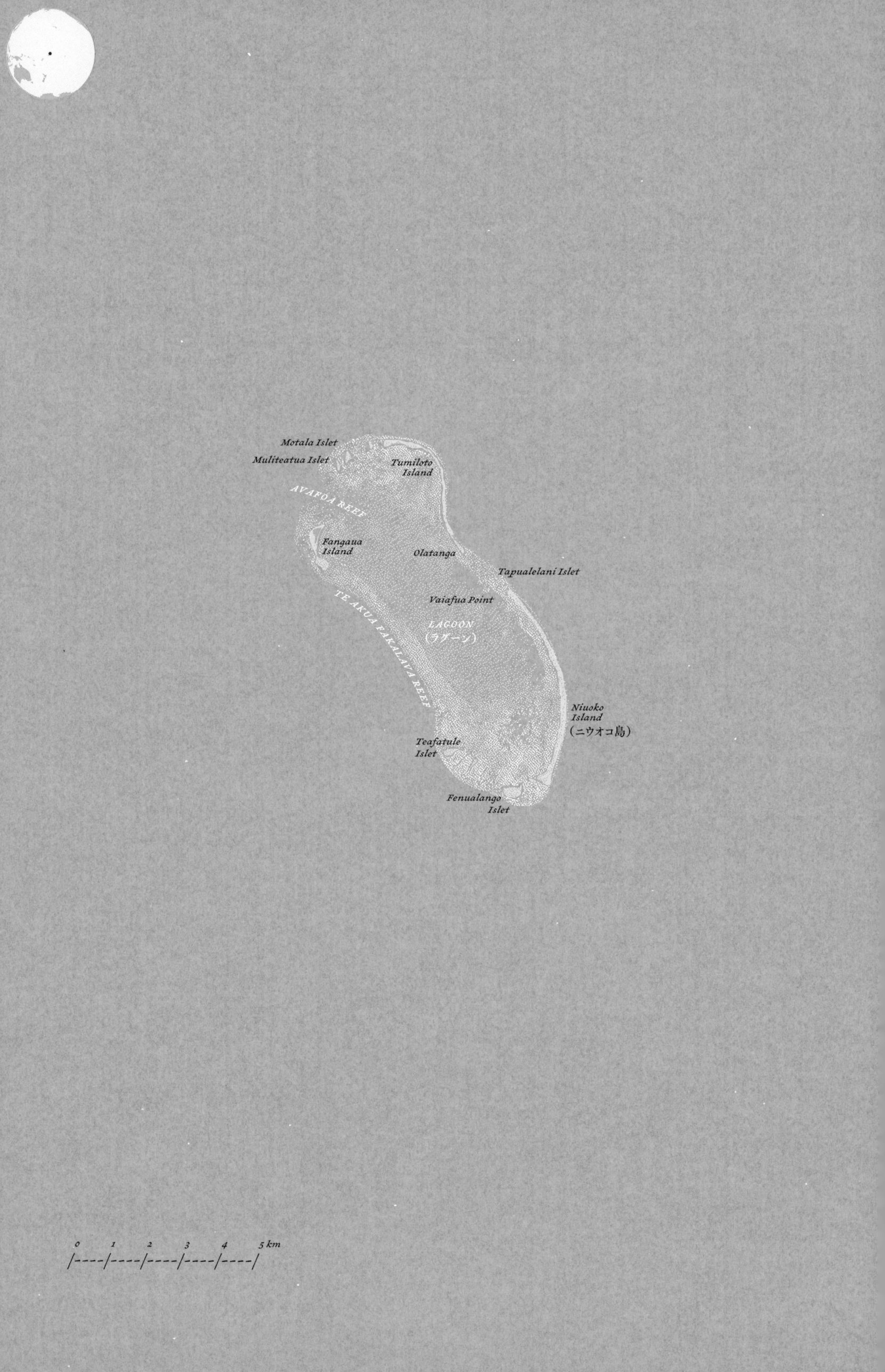
Motala Islet
Muliteatua Islet
Tumiloto Island
AVAFOA REEF
Fangaua Island
Olatanga
Tapualelani Islet
Vaiafua Point
LAGOON
（ラグーン）
TE AKUA FAKALAVA REEF
Niuoko Island
（ニウオコ島）
Teafatule Islet
Fenualango Islet
0 1 2 3 4 5 km

英語 Midway Atoll｜ハワイ語 Pihemanu Kauihelani［〈かしましい鳥の声〉］
6.2㎢｜居住者 40 人｜28° 13′ N 177° 22′ W　51

アメリカ合衆国　太平洋

ハワイ諸島

ミッドウェー島

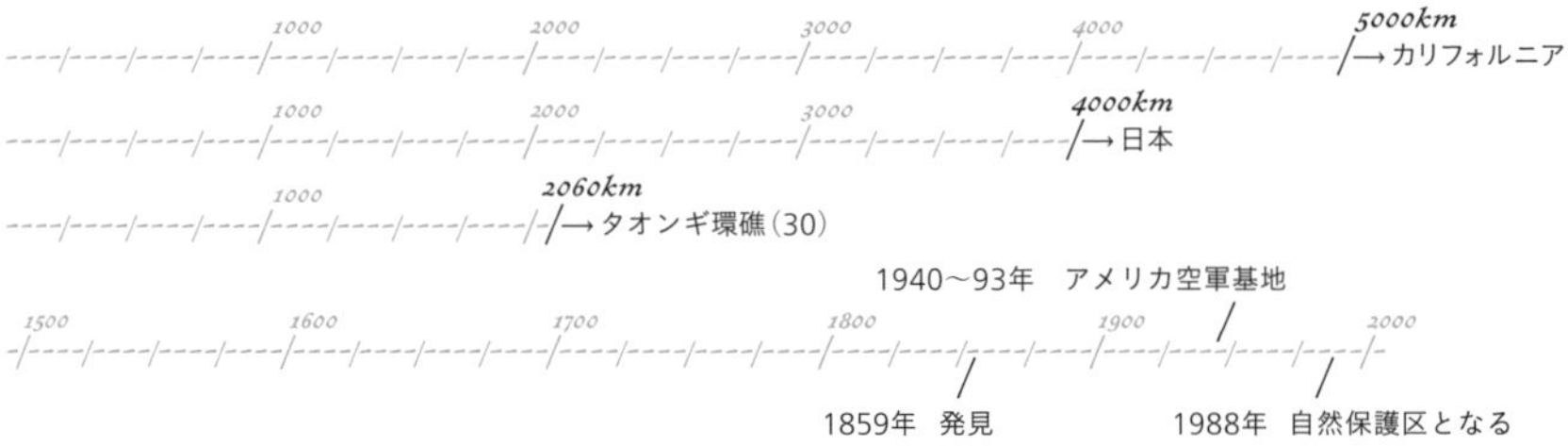

ここは高度に発展した2つの産業先進国にはさまれた、太平洋のちょうど中間。トゲのある鮮やかな黄花が藪に咲き、何百万羽のアホウドリが抱卵する砂の島が、通称〈太平洋ゴミベルト〉の端にある。浮遊プラスチックなどの海洋ゴミが集まってくる、巨大な海域のことだ。従来式のいかなる方法でも測量されたことがなく、従来式のいかなる分類もされたことがない巨大なゴミのテリトリーは、疑いなくひとつの帝国をなしている。なによりまず、どんな国家もこのテリトリーの領有権を主張していないがゆえに。

〈太平洋ゴミ帝国〉は、久しい以前から多種多様な使節団を各地に派遣している。ミッドウェー島の風の強い海岸に漂着した使節たちは、そこでカラフルなパレードをくり広げ、多様なシュプレヒコールをあげる。耳をつんざく海鳥のかしましい鳴き声にまじって、使節たちの人工的な声が聞こえてくる。

「ボクたちってすごいヤツ、すごいヤツ、漂い流れるすごいヤツ！　進み、広がり、溶け、くっつく。形を変え、結びつき、どんな境界だって越え、知らぬまに忍び込んで溜まり、胃や腸を詰まらせる。そいつが死んで腐ったら、また潮に乗って日の目を見る。適応力バツグン、自由自在に変形、多形的で多言語的、それがボクたち。ショッキングピンク、コーラルオレンジ、ジョンブリアンにトランスパラン。シックでチャーミングで洗いやすい、それがボクたち。豊かさ、廃墟、化石が支える資本主義、石油化学の勝利、ピュアな超濃縮エネルギー！　そしてとっても実用的。システムを円滑にし、気候を温暖にし、エンジンに胃袋に油を差し、ルックスもピカ一。でもボクたちは高齢だ。太古の昔の、何億年もの圧縮された太陽。汗をかいて輸送され、わずかのあいだ欲望され、あっというまに分別されて捨てられる、だけどずっと存在しつづける！

陽にさらされ波にゆられ、ゆっくりと劣化する。堆積し、はてしない時間をかけて分解され、化石になり、漂う。海がボクたちをまた受け入れてくれる。プランクトンがポリマーに！　ポリマーがプラスチック粒子に！　マイクロプラスチックがプランクトンに！　リサイクルだよこれこそが！逆向きの光合成！　大いなる循環、完璧なメタモルフォーゼ！　豊かなエネルギーがゼロ栄養素になる、まるっきり魔法！　なんてふしぎな物質だこと！　珊瑚であれ亀の甲であれ、象牙であれ骨であれ、ボクたちはなんでも真似できる。そしてすべてを造り替える。ボクたちの源《みなもと》となる、黒い太陽がまだあるかぎり」。

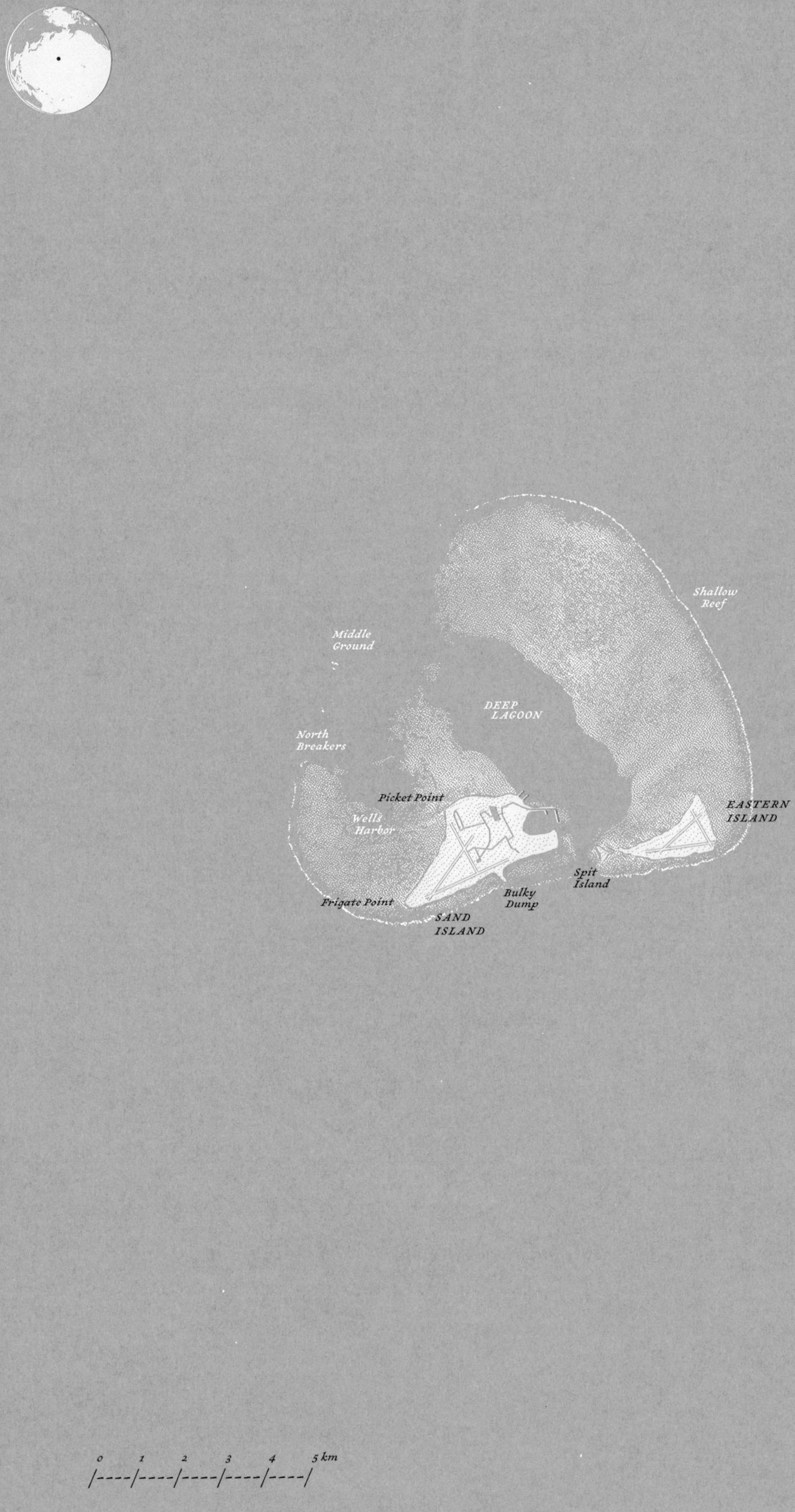
Middle Ground
Shallow Reef
DEEP LAGOON
North Breakers
Picket Point
Wells Harbor
EASTERN ISLAND
Spit Island
Bulky Dump
Frigate Point
SAND ISLAND
0 1 2 3 4 5 km

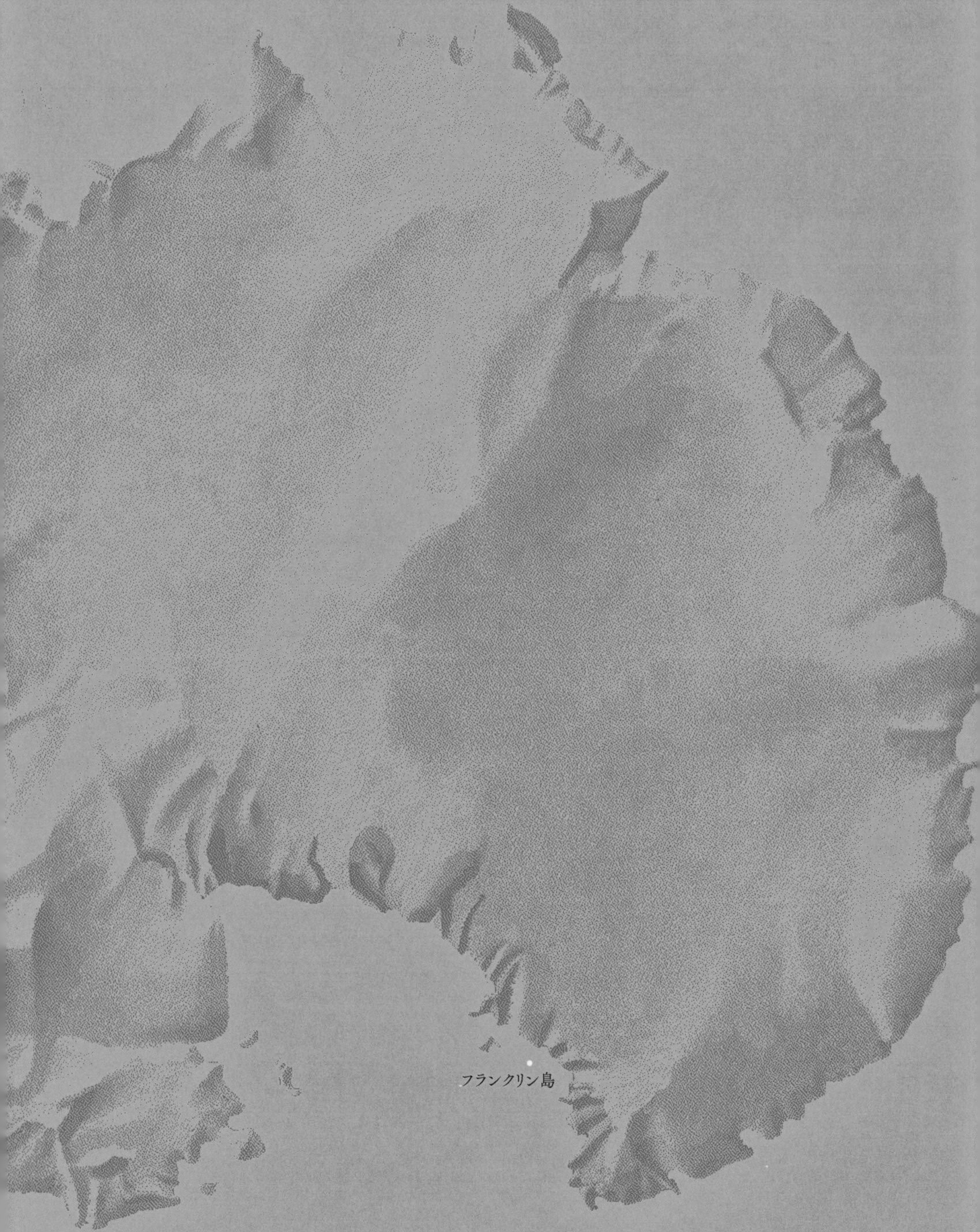
フランクリン島

南極海

ANTARKTISCHER OZEAN

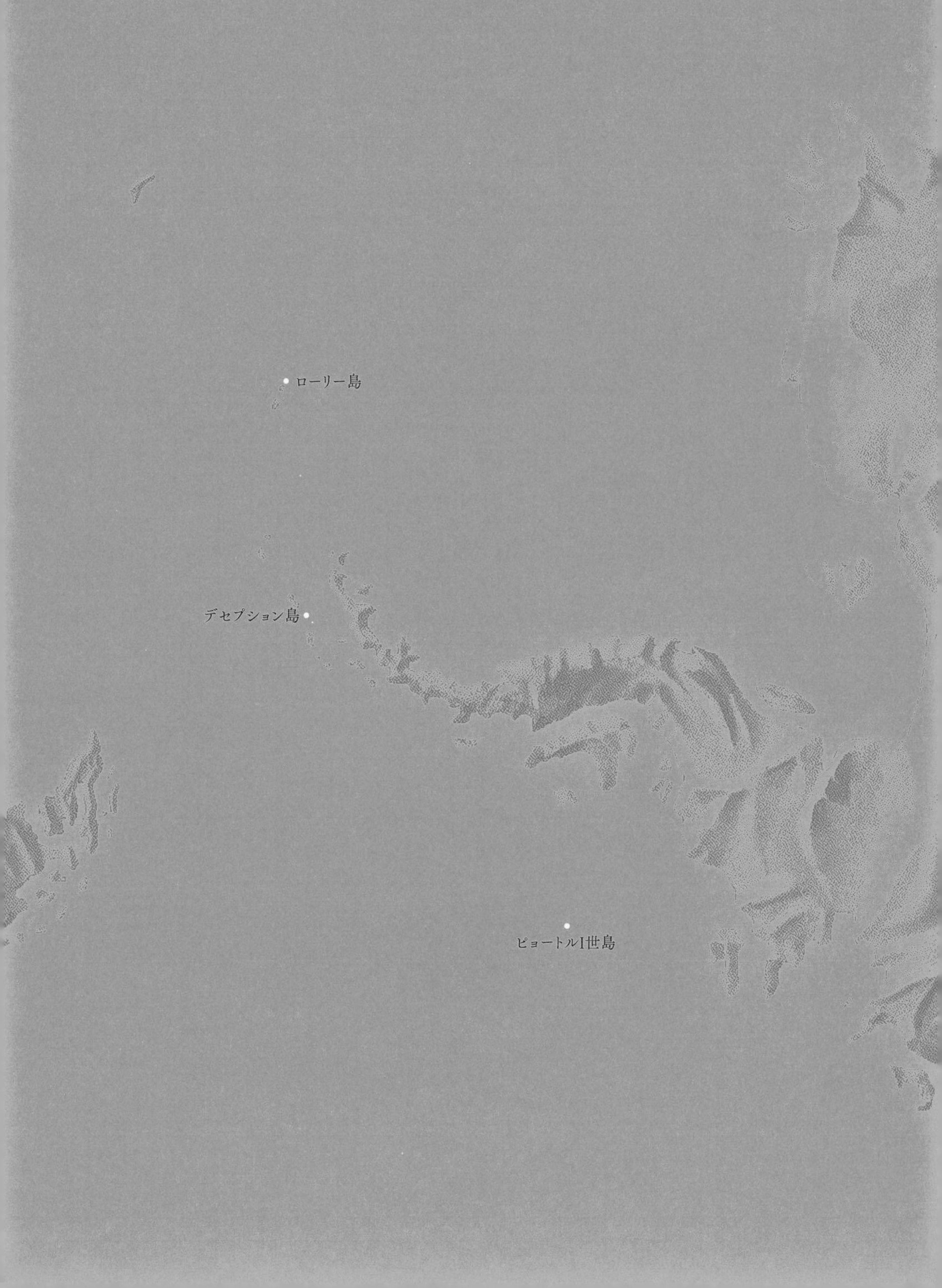

52

南極　南極海

サウス・オークニー諸島

ローリー島

英語 Laurie Island｜スペイン語 Lauría｜60° 44′ S 44° 31′ W

86㎢｜居住者 14 ～ 45 人

810 km → サウス・ジョージア島

1280 km → フォークランド諸島

850 km → デセプション島（53）

1821 年 12 月 6 日　ジョージ・パウエルとナサニエル・パルマーにより発見

1500　1600　1700　1800　1900　2000

1903 年 3 月 21 日～11 月 26 日　スコットランド国営南極遠征隊が島で越冬

アラン・ジョージ・ラムゼーは死にかけていた。すでに故国のトルーンを出てカーボヴェルデ諸島に向かう船旅で、胸を締めつけるような痛みをいくどとなく感じていた。フォークランド諸島に滞在した数週間のうちにその痛みはますます頻々《ひんぴん》と起こり、しかもたちが悪くなっていった。もはや否定しようもない、ラムゼーは、スコシア号の機関長は、重い病にかかっていた。

しかし、誰にも打ち明けないと心を決めていた。打ち明けてどうなるだろう。遠征隊長に報告して、はやいとこ母国スコットランドに送還してください、と頼むのか。しかも自分の代役など、見わたすかぎりの無人の地にはぜったいにいないことを知りながら。選択肢は存在しないのだ。それに、南極の白銀の壁、ただよう氷山、南極大陸というものを、わが眼で見たくもあった。

ラムゼーがそれを実際に見たのは、2月のことだった。一行がもはや南進できなくなり、ローリー島で越冬すると決めたときである。数日後、安全な入江が見つかったときには、ラムゼーはすでに任務につけなくなっていた。ほかの隊員がスコシア号に雪の被いをつくり、小屋を2つ建て、ペンギンのコロニーについて体系だった記録をとり、気象学的調査、磁気学的調査にかかっているあいだ、ラムゼーはほとんど船内にいて、毛布にくるまり船室のストーブの前にかがんでいた。

1903年8月6日、心不全のため永眠。2日後、スコシア湾の北側の岩石海岸、山の陰にあたるところに遺骸が沈められた。山には彼の名がつけられた。スコットランド国営南極遠征隊全員、および数匹のアデリーペンギンが葬送に参列した。実験助手のカーが、キルトスカートをまとい、バグパイプでスコットランドの悲歌を演奏した。

「歌うのが聞こえた　羊の乳をしぼりつ／娘らが歌っていた　夜明けの前に／だがいまはいずこの農場《まきば》も　ただ悲嘆にのみ暮れる／〈森の花はすべてしおれた〉と／森の花よ　つねに先頭で戦いし者よ／われらが国の誇りは　つめたく粘土に横たわる」。

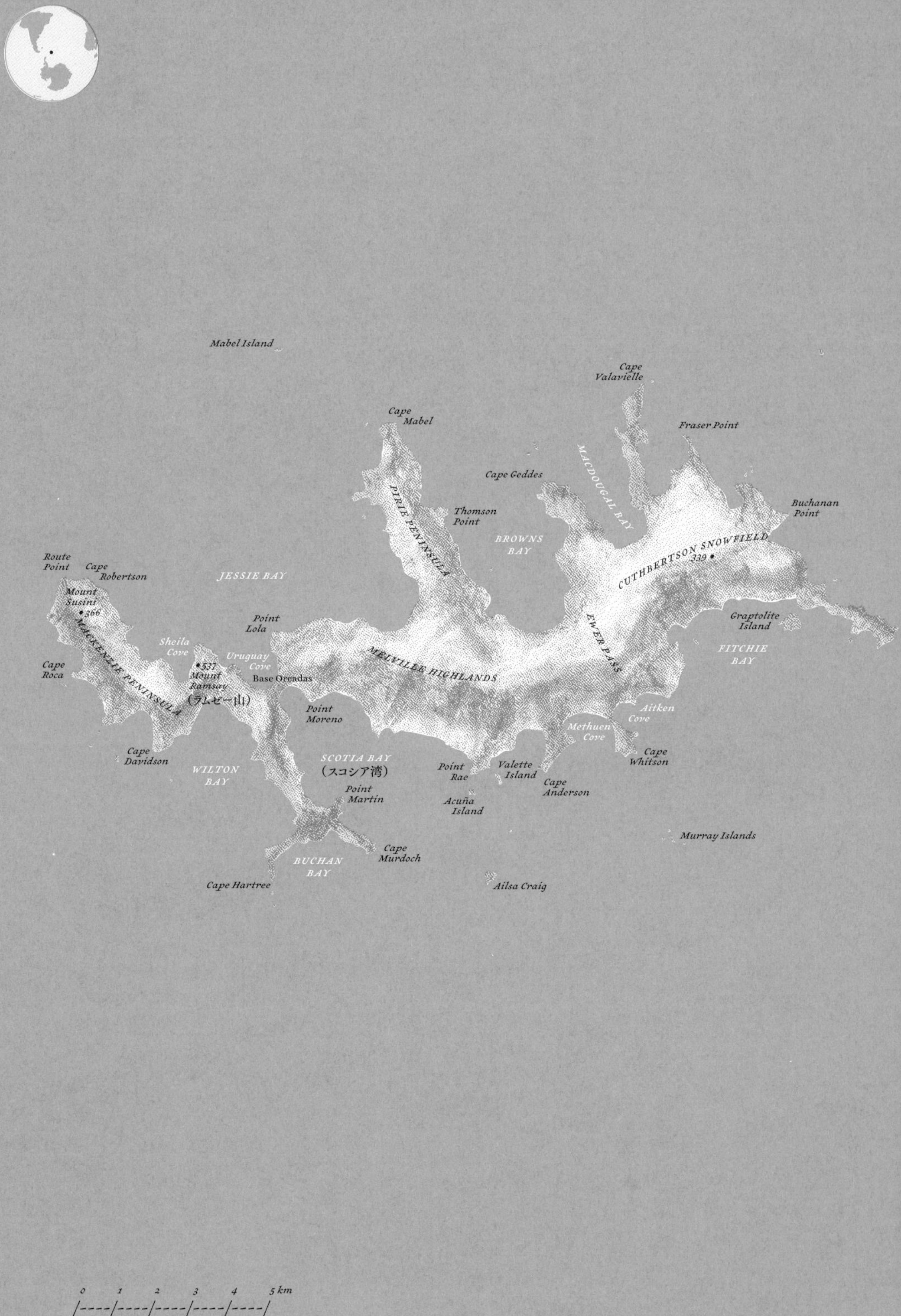
Mabel Island
Cape Valavielle
Cape Mabel
Fraser Point
MACDOUGAL BAY
Cape Geddes
Buchanan Point
Thomson Point
PIRIE PENINSULA
BROWNS BAY
CUTHBERTSON SNOWFIELD
339
Route Point
Cape Robertson
JESSIE BAY
Mount Susini
366
Point Lola
Graptolite Island
EWER PASS
MACKENZIE PENINSULA
Sheila Cove
Uruguay Cove
537
Mount Ramsay
（ラムゼー山）
Base Orcadas
MELVILLE HIGHLANDS
FITCHIE BAY
Cape Roca
Point Moreno
Aitken Cove
Methuen Cove
Cape Whitson
Cape Davidson
WILTON BAY
SCOTIA BAY
（スコシア湾）
Point Rae
Valette Island
Cape Anderson
Point Martin
Acuña Island
Murray Islands
Cape Murdoch
BUCHAN BAY
Cape Hartree
Ailsa Craig
0 1 2 3 4 5 km

英語 Deception Island［〈欺き島〉］｜スペイン語 Isla Decepción
98.5㎢｜無人

62° 57′ S
60° 38′ W

53

南極　南極海

サウス・シェトランド諸島

デセプション島

20 km
/→ リヴィングストン島

100 km
--/→ 南極半島

1000　1490 km
----/----/----/----/----/----/----/→ ピョートル1世島（55）

1500　1600　1700　1800　1900　2000

1820年11月15日　ナサニエル・パルマーがカルデラ湖への入り口を発見

1906〜31年　捕鯨基地の運営

1967〜70年　火山噴火

入港をしくじるのはたやすい。カルデラ湖の入り口の幅は、200メートルに満たないほどなのだ。しかも、その名もネプチューンのふいご《ベロウズ》、またの名を地獄の門、ドラゴンの口、というこの入り口には、四六時中強風が吹き荒れている。だがそこを抜けてしまえば、中休み中の火山の陰に、世界でもっとも安全な港のひとつがある。〈鯨捕りの入江〉、ホウェイラーズ湾だ。

当時住んでいた者たちが故国ノルウェーの捕鯨拠点にちなんでニュー・サンネフィヨールと呼んだこの場所に、世界最南端の鯨油の採取場があった。3本マストの帆船が2隻、小型捕鯨汽船8隻、大型捕鯨汽船2隻という、独自の船団を擁する捕鯨基地である。少数のチリ人の火夫を別とすれば、200人のノルウェーの男と、1人のノルウェーの女がいた。女とは当時、南極圏までやってきた初の、そして唯一の女性マリー・ベツィ・ラスムスンである。マリーの夫はアドルフ・アマンドゥス・アンドレセン大佐といい、ここで2年前から捕鯨業を営んでいる3社のうち1社の支配人だった。

捕鯨シーズンは11月末から2月の終わりまでつづく。彼らの捕鯨は、北の海ですでに実証された新しい手法だった。船の軸先に備えつけた捕鯨砲から銛《もり》を射出するのだ。すると先端に火薬が仕込まれたその銛が、巨獣の背中に貫入する。

クジラは、猟師が見れば遠くからでも種類の区別がついた。ザトウクジラは低い潮を吹き、背中にこぶがある。ナガスクジラは細い潮を吹くのでわかる。そしてクジラのなかでいちばん価値の高いシロナガスクジラは、独特の背びれと、噴気の高さで見分けがつく。

捕鯨船は最大6頭を捕獲し、夕方、獲物を曳いて入江に戻ってきた。くろぐろとした浜で、鯨捕りたちはクジラの口からひげをすべて折り取り、つやつやした皮膚を切り裂き、肉と脂肪を分け、そして〈白い金〉と呼ばれた脂肪を巨大な釜でぐつぐつ煮て、鯨油をつくった。燃料には炭でなく、この島のベイリー埼で捕えたペンギンの死骸を用いた。

残りは腐るにまかせた。黒っぽい砂浜に、クジラの骸骨が白い柵のように浮かび、水は血で赤く染まり、空気は腐乱した肉の臭気に充ちていた。荒らされつくした何千もの骸《むくろ》が、海水の流れ込むカルデラ湖で腐っていった。

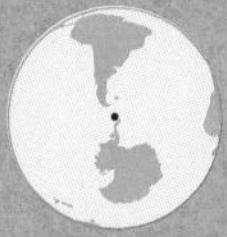

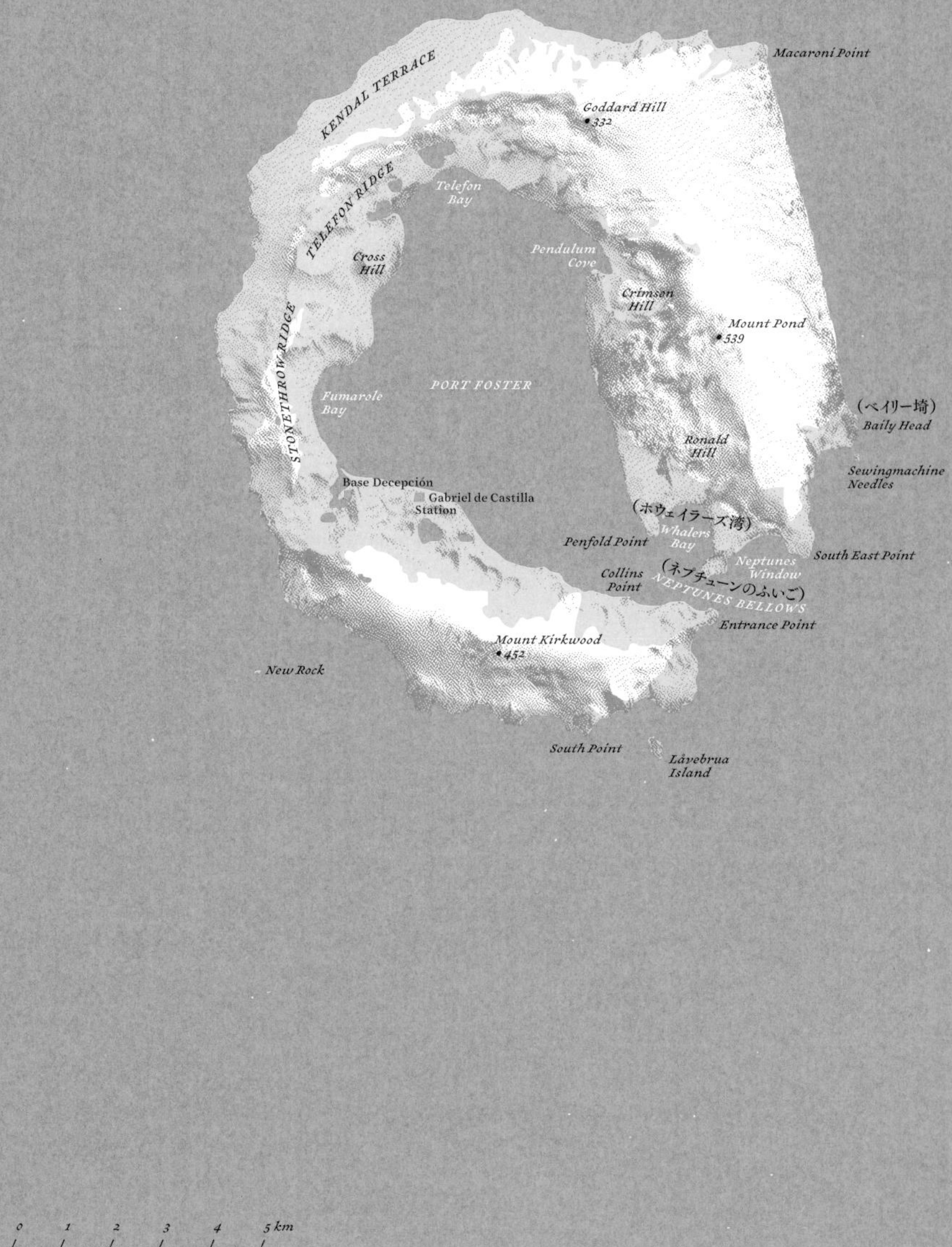

Macaroni Point
KENDAL TERRACE
Goddard Hill
332
TELEFON RIDGE
Telefon Bay
Cross Hill
Pendulum Cove
Crimson Hill
Mount Pond
539
STONETHROW RIDGE
PORT FOSTER
Fumarole Bay
(ベイリー埼)
Baily Head
Ronald Hill
Sewingmachine Needles
Base Decepción
Gabriel de Castilla Station
(ホウェイラーズ湾)
Whalers Bay
Penfold Point
South East Point
(ネプチューンのふいご)
Neptunes Window
Collins Point
NEPTUNES BELLOWS
Entrance Point
Mount Kirkwood
452
New Rock
South Point
Lâvebrua Island
0 1 2 3 4 5 km

英国軍艦テラー号とエレバス号は、氷に対しても強さを発揮した。臼砲《きゅうほう》を運ぶ船は、見かけは靴箱なみに野暮ったかったが、船体は頑丈で、装甲した両舷に15トンの蒸気機関を擁していた。ともに戦艦であって、このたび氷との戦いのために改造されたのである。ある朝——ようやく霧が晴れると——両艦は大きなまっ白な湾のなかにいた。その白色をたどった先に、ひとつの島があった。ジェームズ・クラーク・ロス艦長は、数名の士官をともなってエレバス号を降り、ボートを仕立てて島に向かった。テラー号艦長フランシス・クロージャーが、一団を連れてあとを追う。激しい高波のため、ロス艦長は捕鯨ボートに乗り換え、そこから大胆にもジャンプして、島の岩に飛び移った。ほかの者がザイルであとにつづいた。恐ろしいほど寒く、氷が層になって岩全体を覆っていた。

溶岩のかたまり、というしかない島だった。北壁は黒い断崖で、数フィート幅にまっ白な帯が走っている。植物の気配はちらりともなかった。ロス艦長がフランクリン卿に敬意を表し、島を〈フランクリン島〉と名づけると、みんながおおいに喜んだ。ジョン・フランクリン卿、トラファルガー海戦の英雄にして現ヴァン・ディーメンズ・ランド〔現在のタスマニア〕総督、そして〈北西航路〉の開拓をいまなお夢見ている北極探検家。

英語 Franklin Island | 76° 05′ S 168° 19′ E | 54
33㎢ | 無人

南極 | 南極海・ロス海

フランクリン島

70 km → ヴィクトリアランド
150 km → ロス島
2410 km → マッコーリー島（27）

1841年1月27日　ジェームズ・クラーク・ロスにより発見

そして4年後、そのフランクリン卿は、ほんとうに〈北西航路〉の探索に出たのである。北極の氷の海を通る航路の開拓こそ東洋への近道だ——そう信じられていた時代だった。遠征に用立つ船といったら、もちろんあの2隻しかない。南極で活躍したテラー号とエレバス号である。テラー号の指揮は、ふたたびフランシス・クロージャーが執った。一等航海士にして、永遠の二番手の役柄。

しかし、フランクリンの北極遠征隊はキング・ウィリアム島の北岸付近で氷に閉じ込められ、動けなくなった。フランクリン卿の消息は絶え、世界はむなしく連絡を待った。3年後、史上もっとも大がかりな捜索がはじまった。

ロス元艦長も船を出し、橇犬を用意して捜索にあたった。しかし、ついに卿は見つからなかった。かつての盟友クロージャーも、南極探検に出動したあのなつかしい2隻の巨船、テラーとエレバスも。すべてがふっつりと消えたのである——船とともに、隊員の恐怖《テラー》も暗黒《エレバス》も。

溶岩からできた南極の小島が、フランクリンを記念している。だが彼の墓所は、もうひとつの極地の氷下にある。

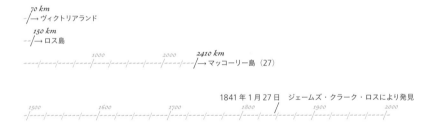

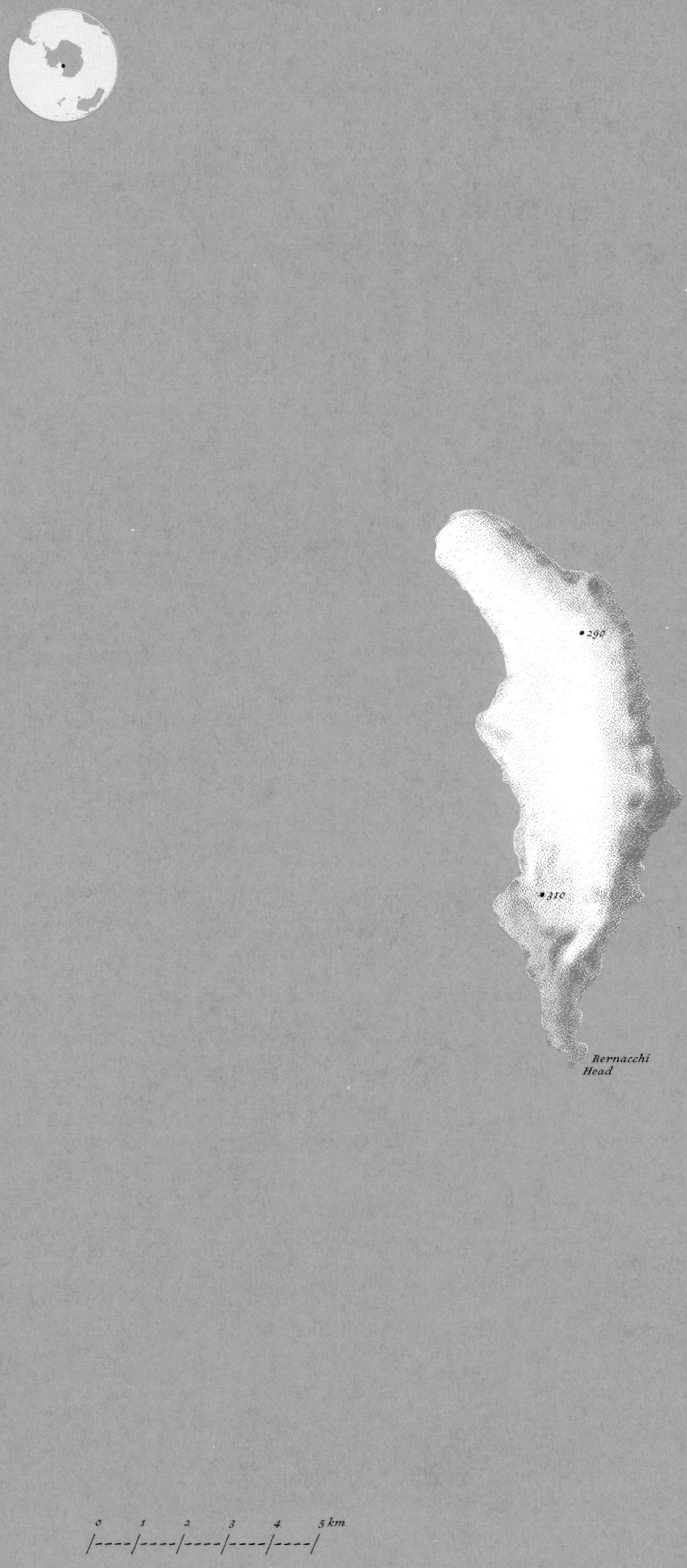
290
310
Bernacchi
Head
0 1 2 3 4 5 km

ロシア語 Ostrow Petra I｜ノルウェー語 Peter I Øy
156㎢｜無人

68° 53′ S
90° 34′ W

55

南極　南極海

ピョートルI世島

420 km → 南極大陸

1850 km → ホーン岬

3040 km → フランクリン島（54）

1821年1月21日　ファビアン・ゴットリープ・フォン・ベリングスハウゼンにより発見

1500　1600　1700　1800　1900　2000

1929年2月2日　オラ・オルスタッドが上陸に成功

ノルウェー、サンネフィヨール出身の領事、船主でもあるラース・クリステンセンは、自前の捕鯨船SS・オッドI世号に遠征用の装備をほどこした。船は石炭を満載し、1927年1月12日にデセプション島の港を出発した。5日後、目的の島に到着。100年以上前に発見されていながらいまだに人跡未踏、つまり上陸した者がなく、ほぼ一年中、厚く氷が覆っている島である。船は島をぐるりと一周した。西海岸で、そそり立つ最高峰が目に入った。火山であるが、目下休んでいるだけなのか、それとも永遠に活動を止めてしまったのか、誰も知らない。

島はどの方面からも裸岩の絶壁になっていて、荒れ狂う海から氷の壁がほとんど垂直に切り立っていた。午後、船長はボートを出して上陸を試みたが、果たせなかった。港どころか、安全に接岸できそうな入江がまったくないのだ。黒く細い礫浜、そして海までその舌を伸ばしている氷河が数か所あるきり。上陸はまたしても不可能となった。とにかくなにかを持ち帰ろうと、一行は岩石を採集した。かけらにもせよ、行ったことのせめてもの証というわけだ。

岩石学者のオラフ・アントン・ブロッホが、これを詳しく調べている。

「提出された試料、合計175点は、多少なりとも円磨された海岸の礫がほとんどである。大きさはまちまちで、ヘーゼルナッツ程度からげんこつ2つ分程度まで。いくつかは目が粗く、鉱滓《こうさい》状を呈しているものもある。これらは、西海岸のごく近辺、イングリッド岬の外で摩耗されたもの。提出された岩石の種類は、すべてが数種の標本により確認することができ、岩石学的には相互に近縁のものである。調査した試料のぜんぶが火成岩質であった。肉眼で見るかぎりは千差万別の岩石が豊富にあるような印象をあたえるが、詳しく調べると主要な種類の数は限られ、しかも22枚の薄片を精密に検査したところ、玄武岩、安山岩、およびいわゆる粗面安山岩のみからなっていた。数において圧倒的に多いのは、玄武岩の礫である。ピョートルI世島は、主として玄武岩が優勢である」。

未踏の島について、これ以上語ることはできない。

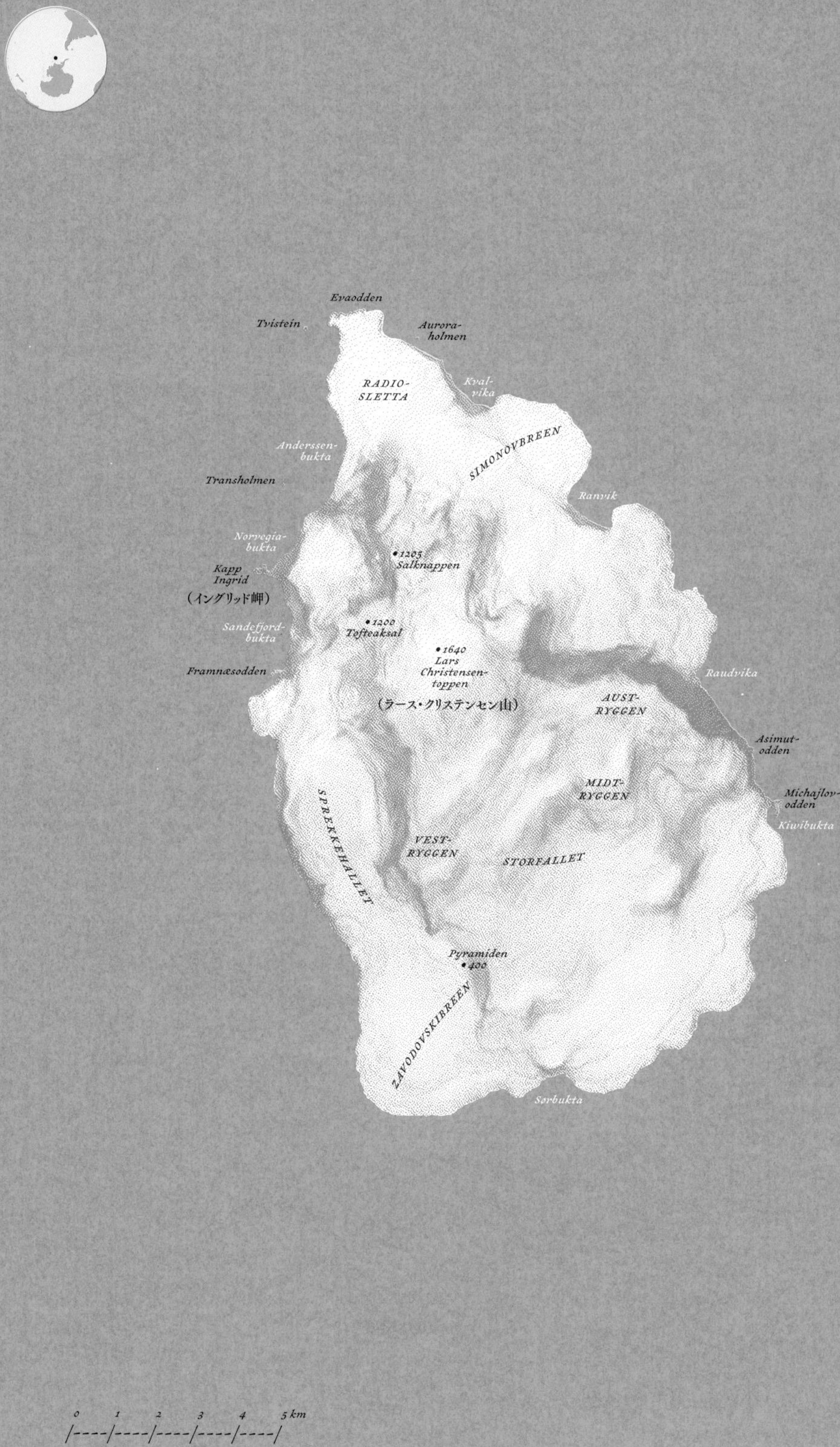
Evaodden
Tvistein
Aurora-
holmen
RADIO-
SLETTA
Kval-
vika
Anderssen-
bukta
SIMONOVBREEN
Transholmen
Ranvik
Norvegia-
bukta
1205
Salknappen
Kapp
Ingrid
（イングリッド岬）
1200
Tofteaksal
Sandefjord-
bukta
1640
Lars
Christensen-
toppen
Framnæsodden
Raudvika
（ラース・クリステンセン山）
AUST-
RYGGEN
Asimut-
odden
MIDT-
RYGGEN
Michajlov-
odden
SPREKKEHALLET
Kiwibukta
VEST-
RYGGEN
STORFALLET
Pyramiden
400
ZAVODOVSKIBREEN
Sørbukta
0
1
2
3
4
5 km

訳者あとがき

文学の棚なのか、紀行エッセイの棚なのか、地図の棚なのか、書店が置き場に悩むような本である。できるならどこにも置いてほしい。けれど孤島のロマンティシズムにあふれたエッセイ、きれいな地図のついた秘境ガイドだと思って手にとると、ちょっと拍子抜けするかもしれない。未知の土地への憧れをかきたてるような旅の本とはいくぶん趣向がちがうのだ。原著タイトルは、『孤島の地図《アトラス》――私が行ったことのない、生涯行くこともないだろう50の島』(*Atlas der abgelegenen Inseln: Fünfzig Inseln, auf denen ich nie war und niemals sein werde*)という。

著者ユーディット・シャランスキーは作家にしてブックデザイナー。本書の文章はもちろん、地図の製作も、そしてドイツ語版は装幀も、すべて著者の手になる。1980年、旧東ドイツのバルト海に面した港町グライフスヴァルトに生まれた。地図を見るとドイツのいちばん北東のはずれ、ポーランド国境も近い海辺の町である。ベルリンの壁が壊れた1989年秋には、著者は9歳になったところだった。

「東ドイツ全体がひとつの〈島〉でした」となにかのインタビューで語っていたことがあるが、遮断されていた西側世界へはもちろん、故郷の外へすら出ることもない、目の前に果てしなく広がる海だけがあった幼年時代を送った。行ったことも、行けるはずもないはるかな場所への想いが、自宅の居間にひろげた地図の上ではぐくまれた。

『ロビンソン・クルーソー』(1719年)や『宝島』(1883年)をはじめとして、あるいは『ユートピア』(1516年)でも『テンペスト』(1611年)でも『ガリバー旅行記』(1726年)でも、文学はくり返し〈ここではないどこか〉を島のなかに描いてきた。離島や無人島を舞台にした小説や映画やマンガは、古今東西、数知れない。手つかずの原初の自然、生命をかけたサバイバルの体験。既存の社会から隔絶した理想国家、あるいはその逆のディストピア。孤島は日常世界の限定や桎梏《しっこく》をのがれた別世界としてイメージされる。たしかに小説だけでなく、現実にも19世紀から20世紀にかけて、西洋文明に嫌気がさした人々がつぎつぎと〈未開の地〉に移り住んだ。野生の生命力を求めて画家ゴーギャンがタヒチに最初に移住したのは19世紀の終わり、1891年のこと。

著者を孤島探索に向かわせたのも、そんな憧憬だった。原著の文庫版はしがき(本書未収録)のなかで、著者はベルリン州立図書館(25番、ロビンソン・クルーソー島に出てくる図書館だ)の地図閲覧室で「人の高さほどもある地球儀のまわりを廻り、米粒ほどの大きさの島々の名を目にした時」に、大洋にぽつんと浮かぶ僻遠の島のありようにひどく心をそそられた、と書いている。だが世界の島々がほぼすべて発見され、探検されつくしたいま、彼女にできるのは「せいぜい図書館にこもって、自分なりの発見をすることぐらい」だった。「貴重な地図やはるかな場所の調査文献のなかから、自分の島を見つけたい、という願望が私を駆り立てていた。植民地主義的な渇えではなく、憧れの心から、その島を所有したい、と思った」という。

しかし、理想郷をもとめてはじまったこの探索は意外な方向へ展開する。彼女が見つけた島々はロマンチックな別天地どころか、「うんざりするほど不毛な、豊かにあるのはそこで起こった恐ろしい事件だけというような場所」だったのだ。だがそれらの〈実話〉にこそ、人間の面妖さとでもいうしかないものが凝縮されていた。周辺世界から隔絶した場所に置かれた時、人間のなかでなにかが起こる。奇習、奇病、暴力、殺人、自然破壊……閉ざされた空間でしか起こりえない奇妙な人間劇がくり広げられる。恐ろしいけれども、まことに興味ぶかい話の数々が。

すべてが〈実話〉だとはいえ、著者は「ここにおさめた内容の真偽を問うのは、混乱のもとである」として、同はしがきにつぎのように書いている。「本書に記載されたすべてのテクストは、調査にもとづいている。ディテールに至るまで一切の出所をたどることができる。けれどほんとうにそのとおりに起こったかとなると、これは、島がつねに現実の地理的座標を超えた、人心を投影する場所であるというそのことからしても、確認できないのだ。心を投影した場所は、学術的手法ではなく、文学的な手段によってしか捉えることができない」、と。孤島はやはり人間にとってそれだけですでに非日常的な、幻想の空間なのである。

現実には不毛で荒涼としていて人間を寄せつけなかろうが、それでも〈ここではないどこか〉をもとめる人の想いは、そのどこかになんとかして至りつき、わが手に所有しようとする企図をくり返す。あちこちから読みとれる、大航海時代このかたの人間の発見と征服への熱意の凄まじさには驚かされた。一見中立的な科学的調査や探索も、その営みに抜きがたく組み込まれていることは言うまでもない。ちなみに本書そのものが、著者の遠い世界への想いを駆動力として調査され、まとめられたものであって、居間にいながらにして世界を征服する——と言って悪ければ、さきほどの著者のことばで「憧れの心から所有する」——こころみだろう。

すべては著者のまえがきを読んでいただければ、訳者などが屋上屋を架すまでもないことだけれど、本書における人間中心主義や西洋中心主義や植民地主義への批判的なまなざしは、地図の造形にもはっきり表れていると思う。人間のあくなき探究欲の対象となり、発見され、命名され、所有され、調査されている孤島の姿は、平面的でなく、明らかに身体性をまとって、均質な青の中にそのどこか幻想的な姿を横たえている（ちなみにドイツ語で島は die Insel、女性名詞だ、と余計なことも書きたくなる……)。白とグレーで美しく表されたその声なきモノクロームの島影に、オレンジ色の領域や線が蛍光を発しているかのように浮かびあがる。人間が手をつけた場所だ。そしてそこに、領有者の言語で地理名称が記入されている。「征服の行為は、地図において反復される」のだ。だから著者シャランスキーは、あえて地図に出てくる言語を統一していない。たとえばアメリカ領セント・ジョージ島(45)にある湾はZapadni Bayと、フランス領ポセシオン島(16)にある湾はBaie du Marinと、そして日本領硫黄島(44)にある湾はHiraiwa-wanといったぐあいに表記される。どれもがすべて「湾」であることがわかるように、著者はわざわざ巻末に地形用語の訳語集をつけている。

だからこのお手製の地図を邦訳するにあたって、私たちも地図上の地名を日本語にしなかった。日本の読者のために日本語に音訳するほうが地図として取っつきやすいし、親切ではないかという意見もあるだろう。でもこれはただの地図ではなく、著者が細心の注意を払って作製した〈世界劇場としての地図〉である。名称にいかに歴史と政治性が、あるいは人間の夢想や欲望が宿っていることか。たとえばいまぱらりとめくってみた35番、バナバ島(キリバス共和国)の地名。Tabwewa, Tabiang, Ooma, Lilian Point, Sydney Point, Home Bayと、1つの島に英語の名前とミクロネシアの言語らしい名前が混在している。イギリス船が島を〈発見〉したのが1801年のことだ。あるいは2番、はるか北極海はベア島の岬(Kapp)の名は、Kapp Elisabeth, Kapp Hanna, Kapp Ruth, Kapp Harryと、ほとんどがファーストネーム(女性も多い)にちなむ。どんな人がどんな想いでこんな名をつけたのか。島の歴史と人の想いを静かに、おのずと語っている地名。それをカタカナと漢字で表してしまうとかえって理解しがたく、多くが失われると思われた。地図の名称を何語だろう、なぜ英語らしいものとスペイン語らしいものが混じっているのだろう、この人名はなに? この名前はあんまりな……などと思いながらじっくり眺めているうちに気づくことや想像(妄想)できることは山ほどあり、読者は各人各様にかならず発見と想像の喜びを味わうことと思う。だからあえて〈日本語による征服〉はしていない。そのかわり、本文に出てくる地名については、日本語を地図の中に併記して、位置を確認できるようにした。

見開きの両頁のすみずみにまで情報がひそんでいる。地図をしげしげと眺めるのにも似て、島名の上下にある小さな情報や、左頁のオレンジの地球儀に目を凝らしてはじめて内容が深く味わえるようになっていて、精緻な美しさを持った島の図は言わずもがな、緊密な空気がレイアウト全体に漂っている。文章は簡潔で、ミニマルと言えるほどに言葉が刈り込まれ、ちょっと素っ気ないほど。なお原文はすべて現在形で書かれており、過去の事象を語る時も現在形が貫かれているが、日本語にするとどうしても読みやすさが削がれたため、邦訳ではやむなく過去形をとった。日本の読者のために多少とも情報を補ってもある。それでも落としどころのある物語、というのとはだいぶん違う。叙述の淡々とした感じ、謎を謎のままに、余韻を残してぽんと突き放してしまう感じが、荒涼とした海の中に浮かぶ島の孤影と呼応しているように思うのは、感傷的すぎるだろうか。

作家とブックデザイナー、どちらが本職というのでもない。シャランスキーは統一後のドイツでベルリン自由大学にて美術史を、ポツダム単科大学にてコミュニケーション・デザインを専攻した。その後２００７年から２００９年までポツダム単科大学でタイポグラフィー基礎論の教鞭を執る。２００６年、ドイツの古い書体フラクトゥア（いわゆる「ひげ文字」「亀の子文字」）の総覧『フラクトゥア、わが愛《モナムール》』(*Fraktur mon Amour*)を上梓。６００頁を超え、３３３種のフラクトゥア体を集成したという書体への分厚いオマージュ本だ。作家としてのデビューはその２年後、『青はおまえに似合わない――船乗り小説』(*Blau steht dir nicht: Matrosenroman*)。はるかな世界に想いを馳せ、船乗りにあこがれる少女（少年でなく）の東ドイツの海辺での幼年時代と、水兵服《セーラー》のモチーフによって繋がる歴史上の人物（映画監督エイゼンシュテインやロマノフ朝最後の皇太子アレクセイ、写真家のカーアンや作家ケッペンなど）のエピソードなどが３人称と１人称、過去形と現在形を交錯させて語られ、しかも全編にさまざまな写真が散りばめられた小説だ。つづいて２００９年に本書を出版、その年の「もっとも美しいドイツの本」賞、２０１０年のドイツデザイン賞銀賞を受賞した。２０１１年には小説第二作『麒麟《きりん》の首』(*Der Hals der Giraffe: Bildungsroman*)がベストセラーに。旧東独地域のはずれ、過疎化が進む町に住む中年の「生物」担当女性教師の、さびれていく地域に重なるような荒涼とした心の裡《うち》がしだいに明らかになっていく話で、ダーウィンの進化論がからんでくる。この小説にも生物にかかわるイラストがあちこちに挟まっていた。むろん表紙絵を含めてすべて本人の装幀で、この書物も翌年の「もっとも美しいドイツの本」賞を受賞。三作目が待たれるところだが、２０１３年からはある出版社で「博物学」シリーズを編集、カラス、ロバ、ニシン、昆虫、荒野……といったテーマで、文芸とグラフィックを融合させた美しい書物をつくりつづけている。

このたびの邦訳版は原著よりも少し小ぶりになり、そして作者がたぶん夢にも思わなかったであろう縦書きレイアウトになって生まれ変わった。フランスで開かれた書籍見本市で本書を発見し、熱意ある仕事をしてくださった編集の高野麻結子さんはじめ、限られた紙幅で細部まで工夫を凝らしてくださった方々、大量の調べ物を助けてくださった校正の方に心から感謝したい。

なお島名や地名は『小学館世界大地図』などに記載された表記を原則とした（確認しきれなかったものもある）が、1つめの島の名「孤独」でもわかるとおり、学術上の名称を優先させてはいない。「心を投影した場所は、学術的手法ではなく、文学的な手段によってしか捉えることができない」、とさきほどの言葉を最後にもう一度引用したくなった。

鈴木仁子

〈2016年2月〉

増補改訂版に寄せて

「12年前に本書が出版されたとき、そのアイディアとコンセプトとデザインにだれもが息を呑んだ。（…）大洋別に並べられ、芸術的な図版となった50の孤島。それぞれに添えられた不合理にして不可解な物語。だがそのときは予想だにしなかった――まさかこの本が世界的ベストセラーになろうとは、（…）それどころか〈文芸的な地図〉の時代の幕開けとなり、世界中に数え切れない模倣書を生むことになろうとは……」。

海にちなんだ書籍を専門にしている出版元のマーレ社（マーレの名もラテン語で〈海〉の意）の、やや大げさかもしれない紹介文である。２００９年に刊行された『奇妙な孤島の物語』は、20か国語に翻訳され、ドイツではさらにミニサイズの『ポケット・アトラス』版まで発売され、そしてこのたびはいくつかの島と長い前書きを追加して、増補改訂版として再刊された。

あらたに登場したのは、ゴフ島（13）、北センチネル島（21）、アガレガ諸島（22）、ヌクラエラエ環礁（50）、ミッドウェー島（51）の5島。また他の島々については大きな変更はないものの、データの見直しのほか、いくつかの島でテクストが一部差し替えられている。とりわけ興味深い環境破壊への言及については、たとえば太平洋戦争で日米の海戦の舞台となり、その後アメリカの空軍基地にされ、しまいに自然保護区に指定されて現在に至る島、すなわちミッドウェー島に漂着した〈太平洋ゴミ帝国〉の使節たちのかしましい声に耳を傾けていただきたい。隔絶した環境にあるからこそ、人間の営為の縮図となる孤島、人間の夢想や欲望を奇想天外なかたちで映しだす孤島の55の物語を、どこをも訪れずして味わっていただければと思う。このことについても、マーレ社の紹介文から引いておこう。「もっとも冒険的な旅は、頭のなかでおこなわれる――本書が証明したこのことが、現在《いま》ほど実感できることはない」、と。

その後のシャランスキーは、予想にたがわぬ活躍ぶりだ。孜々《しし》として編集に励んでいる「博物学」シリーズはすでに80冊を超え、また２０１８年には待望の第三作『失われたいくつかの物の目録』（*Verzeichnis einiger Verluste*）（細井直子訳、河出書房新社）を上梓。ブッカー賞のロングリストにも選出された。現存しないものの痕跡や断片を拾いあつめ、さまざまな手法を駆使して失われたもの、消え去ったものを忘却から救いだす言葉の力を遺憾なく示した同書はもちろん本人のデザインで、漆黒の闇からあるかなきかに浮かび上がってくるシルエットが美しい。またしても「もっとも美しいドイツの本」賞に輝いた原書の装幀が再現され、日本翻訳大賞も受賞した邦訳版も、ぜひ手にとっていただきたく思う。

〈２０２２年3月〉

L

lac（仏）— 湖

lago（葡、西）— 湖

lagon（仏）— 潟、礁湖

lagoon（英）— 潟、礁湖

laguna（露）— 潟、礁湖

lake（英）— 湖

lednik（露）— 氷河

M

massif（仏）— 山塊

mont（仏）— 山

monts（仏）— 山脈

morro（西）— 岩山円頂

motu（ポリ）— 礁島

mount, mountain（英）— 山

mullach（スコ）— 山頂、峰

mys（露）— 岬

O

odde（ノ）— 鼻、角、岬、埼

osero（露）— 湖

ostrow（露）— 島

øy（ノ）— 島

P

pass, passage（英）— 水道、水路、山道

passe（仏）— 水道、水路

peak（英）— 山頂、峰

peninsula（英）— 半島

pic（仏）— 山頂、峰

pico（葡、西）— 山頂、峰

pik（露）— 山頂、峰

plain（英）— 平原、平野

platå（ノ）— 高原、台地

plateau（英、仏）— 高原、台地

playa（西）— 浜、海岸

point（英）— 鼻、角、岬、埼

pointe（仏）— 鼻、角、岬、埼

poluostrow（露）— 半島

ponta（葡）— 鼻、角、岬、埼

port（英、仏）— 港

porto（葡）— 港

proliw（露）— 海峡

puerto（西）— 港

pulo（ポリ）— 島

punta（西）— 鼻、角、岬、埼

R

range（英）— 連峰

ravine（仏）— 峡谷

récif（仏）— 礁

reef（英）— 礁

ridge（英）— 尾根、山稜

río（西）— 川

river（英）— 川

rivière（仏）— 川

roca（西）— 岩

roche（仏）— 岩

rock（英）— 岩

S

saliw（露）— 湾

slette（ノ）— 平原、平野

stac（スコ）— 岩石島

strait（英）— 海峡

T

telok（ポリ）— 湾

topp（ノ）— 山頂、峰

V

vallée（仏）— 谷、渓谷

valley（英）— 谷、渓谷

vatn（ノ）— 湖

versant（仏）— 斜面

vik（ノ）— 湾

volcán（西）— 火山

W

wodopad（露）— 滝

wulkan（露）— 火山

(仏)—フランス語
(西)—スペイン語
(葡)—ポルトガル語
(英)—英語
(露)—ロシア語
(ノ)—ノルウェー語
(スコ)—スコットランド方言
(ポリ)—マレー・ポリネシア語派諸語

A

arête(仏)—尾根、山稜

B

bahía(西)—湾
baia(葡)—湾
baie(仏)—湾
bay(英)—湾
beach(英)—浜、海岸
bight(英)—湾
bluff(英)—断崖
bre(ノ)—氷河
buchta(露)—湾
bukt(ノ)—湾

C

cabo(葡、西)—岬
cachoeira(葡)—滝
cap(仏)—岬
cape(英)—岬
cerro(西)—山頂、峰
costa(西)—海岸
cova(葡)—小湾、入江
cove(英)—小湾、入江
cratère(仏)—クレーター
creek(英)—細流、支流

E

elv(ノ)—川
enseada(葡)—湾
ensenada(西)—湾

F

falaise(仏)—断崖
fjell(ノ)—山、山脈

G

glen(スコ)—谷、渓谷
gora(露)—山、山脈
gulch(英)—峡谷

H

hall(ノ)—斜面
hamna(ノ)—港
harbour(英)—港
head(英)—埼、岬、鼻、角
hill(英)—丘
holme(ノ)—小島、島

I

île(仏)—島
ilha(葡)—島
ilhéu(葡)—小島、島
isla(西)—島
island(英)—島
isle(英)—島
islet(英)—小島、島
islote(西)—小島、島

K

kapp(ノ)—岬
kyst(ノ)—海岸

P

Q

R

S

索引

著者略歴

ユーディット・シャランスキー
Judith Schalansky

1980年、旧東ドイツ、グライフスヴァルト生まれ。作家、ブックデザイナー。大学で美術史とコミュニケーション・デザインを専攻。文・地図作製・装幀のすべてが著者自身の手による本書で「もっとも美しいドイツの本」賞とドイツデザイン賞銀賞を受賞した。小説に『青はおまえに似合わない——船乗り小説』(2008)、『麒麟の首』(2011)がある。『失われたいくつかの物の目録』(小社、細井直子訳)が第7回日本翻訳大賞受賞。ベルリン在住。

訳者略歴

鈴木仁子《すずき・ひとこ》

1956年、岐阜県生まれ。名古屋大学文学部卒業。椙山女学園大学教員。訳書にトゥルコウスキィ『まっくら、奇妙にしずか』『おそろし山』他(小社)、ゼーバルト『アウステルリッツ』『移民たち』他ゼーバルト・コレクション全7冊(白水社)、クリューガー『生きつづける』、ツムトア『建築を考える』他(みすず書房)、ハントケ『私たちがたがいをなにも知らなかった時』(論創社)など。名古屋市在住。

増補改訂版

奇妙な孤島の物語

私が行ったことのない、生涯行くこともないだろう55の島

2016年2月28日 初版発行
2022年4月20日 増補改訂版初版印刷
2022年4月30日 増補改訂版初版発行

著者 — ユーディット・シャランスキー

訳者 — 鈴木仁子

発行者 — 小野寺優

発行所 — 株式会社河出書房新社
〒151-0051 東京都渋谷区千駄ヶ谷2-32-2
電話 03-3404-1201(営業)
03-3404-8611(編集)
https://www.kawade.co.jp/

ブックデザイン — 松田行正(マツダオフィス)+日向麻梨子(オフィスヒューガ)

組版 — 株式会社キャップス

印刷 — 凸版印刷株式会社

製本 — 大口製本印刷株式会社

Printed in Japan ISBN978-4-309-20850-3

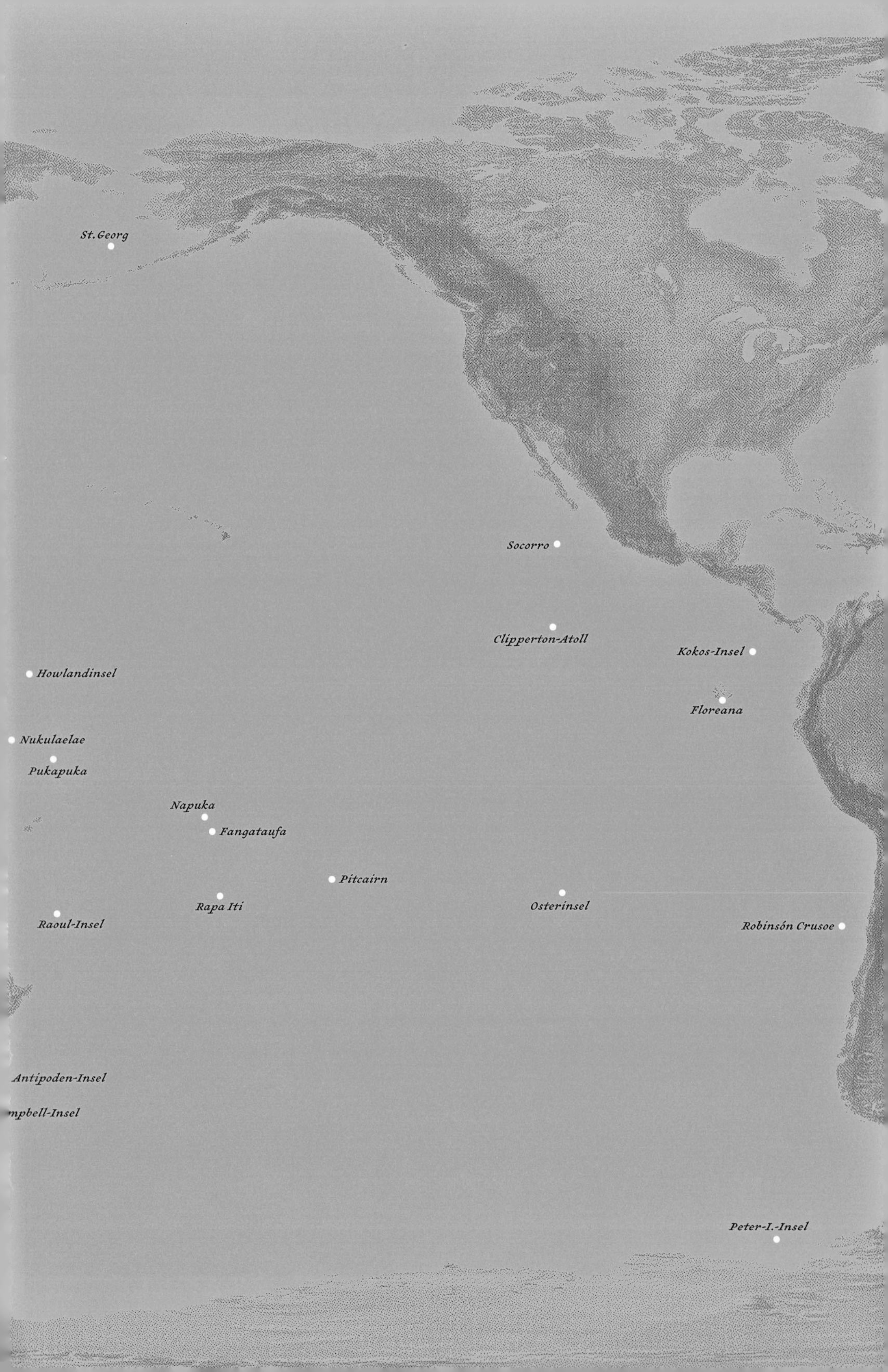
St. Georg
Socorro
Clipperton-Atoll
Kokos-Insel
Howlandinsel
Floreana
Nukulaelae
Pukapuka
Napuka
Fangataufa
Pitcairn
Rapa Iti
Osterinsel
Raoul-Insel
Robinsón Crusoe
Antipoden-Insel
mpbell-Insel
Peter-I.-Insel